谜学习漫画　用科学破解谜团

放学后科学探险队
理科知识解谜挑战

[日] 泷川洋二　原口留美（伽利略工作室）主编
[日] 藤森环奈（赛德牧场）著
[日] 二寻鸠彦　绘
田田　译

校外活动篇

人民邮电出版社
北京

图书在版编目（CIP）数据

放学后科学探险队. 理科知识解谜挑战. 校外活动篇/（日）泷川洋二，（日）原口留美主编；（日）藤森环奈著；（日）二寻鸠彦绘；田田译. -- 北京：人民邮电出版社，2023.7
ISBN 978-7-115-61508-4

Ⅰ. ①放… Ⅱ. ①泷… ②原… ③藤… ④二… ⑤田… Ⅲ. ①科学知识—少儿读物 Ⅳ. ①Z228.1

中国国家版本馆CIP数据核字(2023)第065000号

内 容 提 要

妮可和托马是好朋友。妮可好奇心旺盛，热爱科学；托马动手能力强，对制作机器人很着迷，并且制作了机器人伙伴“小丸子”。他们和科学家馆山博士的孙女成了好朋友，并组建了“放学后科学探险队”。

伙伴们参加了丰富的校外活动，遇到了很多有趣的事情，每一个事件都通过科学推理来解决。读者可以变成探险小队的一员，边学习实验、边动手操作，身临其境地用科学知识解决谜题。本册涉及观察水溶液、观察生物、了解磁铁和电磁铁、观察星空、观察地层与化石等方面的知识。

本书可以让孩子在一件件解谜事件中轻松掌握小学教科书讲解到的理科知识，还可以拓展了解到中学阶段会学到的内容，从而培养孩子对科学的兴趣。

◆ 主　　编　［日］泷川洋二　原口留美（伽利略工作室）
著　　　［日］藤森环奈（赛德牧场）
绘　　　［日］二寻鸠彦
译　　　田　田
责任编辑　陈　晨
责任印制　周昇亮

◆ 人民邮电出版社出版发行　　北京市丰台区成寿寺路 11 号
邮编　100164　　电子邮件　315@ptpress.com.cn
网址　https://www.ptpress.com.cn
天津翔远印刷有限公司印刷

◆ 开本：880×1230　1/32
印张：4.875　　　　2023 年 7 月第 1 版
字数：202 千字　　　2023 年 7 月天津第 1 次印刷
著作权合同登记号　图字：01-2021-3202 号

定价：49.80 元

读者服务热线：(010)81055296　印装质量热线：(010)81055316
反盗版热线：(010)81055315
广告经营许可证：京东市监广登字 20170147 号

序言

“放学后科学探险队”最初连载于面向小学生的月刊《孩子们的科学》。本书是将这部人气漫画汇编而成的单行本。

漫画中的小主人公们通过破解谜题，带着小读者对各种科学知识进行一番深入思考，让小读者们收获许多新知识。小主人公们也在调查事件的过程中不断学习着新知识。“为什么？”“怎么回事？”——想问这些问题的时候，往往正是学习的大好时机。

今后，如果你在课堂上学到了本书提到的知识，一定会对它们感触更深。对于理科学习来说，为了应试而记忆知识点固然重要，但更重要的是要对科学抱有兴趣。

从日常怪事到引起热议的尖端科技，“放学后科学探险队”收录了各种科学相关的有趣内容。

如果你想了解更多的科学知识，就和“放学后科学探险队”一起，领略科学的奇妙之处吧！

《孩子们的科学》编辑部

主要出场人物

妮可

小学五年级学生，好奇心旺盛，热爱有关科学的一切。她是一个体育健将，也是女子足球队的一员。她惊人的体力和正义感，让捣蛋鬼们都对她惧怕三分。她性格倔强、言出必行，与温柔冷静的托马是一对好搭档。

托马

小学五年级学生，爱看漫画，动手能力强。他住得离妮可很近，与妮可从小就是好朋友。小时候，他和妮可去科技馆参观，对看到的人形机器人心动不已，自那之后就一直对制作机器人很着迷。他与身为工程师的爸爸一起制作了机器人“小丸子”，并和它成为好伙伴。他心地善良，不好争斗，但是在妮可面前很强势。

馆山风子

著名科学家馆山博士的孙女，刚刚转学到妮可和托马所在的小学。她性格内向，不爱与人交流，但在一次事件后与妮可和托马成了好朋友。

馆山博士

馆山风子的爷爷，著名科学家，以“为未来的科学家提供科学启蒙”为己任，积极开办实验教室，举办科技竞赛等活动。为了更受小朋友们欢迎，他还特意烫了爆炸头。

小丸子

托马制作的机器人，与托马形影不离。给小丸子增添新功能是托马的乐趣之一。

目录

一天，放学后科学探险队收到了一封挑战书。发件人好像是妮可和托马崇拜的科学家——馆山博士。顺利破解第一道谜题后，放学后科学探险队又遇到了第二道谜题。

『**请用桌子下面的工具，在不弄洒红茶的前提下，把它运送到地图中的指定地点。**』

桌子下面有**托盘、绳子和剪刀**……这道谜题该如何破解呢？

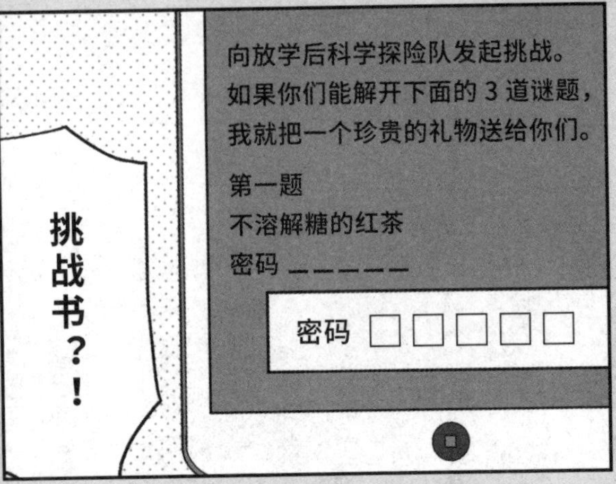
向放学后科学探险队发起挑战。
如果你们能解开下面的3道谜题，
我就把一个珍贵的礼物送给你们。
第一题
不溶解糖的红茶
密码 ______
密码 □□□□□
挑战书？！

竟然有人敢向放学后科学探险队发起挑战！
你好像很开心嘛……
果然不出我所料……密码应该是……饱和（BAOHE）。

不会吧？『请用桌子下面的工具，在不弄洒红茶的前提下，把它运送到地图中的指定地点。』
这……？
这不是我爷爷家吗……
什么！馆山博士的家？！
所以出这些谜题的也是馆山博士喽？！
我好崇拜他！
托盘和绳子……？
提示：土耳其

土耳其最大的城市是哪个？
伊斯坦布尔？
处方单受理
山田药店
三丁目十字路口前
03-12
这样的托盘叫「伊斯坦布尔托盘」，
因为伊斯坦布尔人在送红茶时会用到它。
晃
明明摇晃得很厉害，红茶却一点儿也没洒，
好神奇……

如果水平移动，茶杯里的红茶就会晃动，最后洒出来对吧？
但如果像这样，让红茶和托盘一起晃动，红茶杯相对于杯底始终是稳定的，红茶就不会洒出来啦！
面馆的送餐摩托也利用了这个原理。
用带弹簧的悬吊式减震器吸收震动，
同时让送餐箱像钟摆一样摇摆起来，就可以防止面汤洒出。
挥手——
小丸子身上也有类似的装置，所以我知道！
原来是这样——

这里就是馆山博士的家吗？！
没想到这么近……
嘀嘀
是第三道题！
啊……那里有一个空烧杯。
爷爷怎么把这种东西放在门口……
这个烧杯能量出 500mL，
茶杯的容量是 200mL，
每个茶杯里都有 180mL 的红茶。
500mL
需要向烧杯里倒入 340mL 的红茶
180mL
第三题
只用你们手中的 3 个茶杯，向这个 500mL 的烧杯里倒入 340mL 的红茶。
烧杯
500mL
180mL
200mL
唔——梳理一下思路，就是……

* 大家也一起想想看

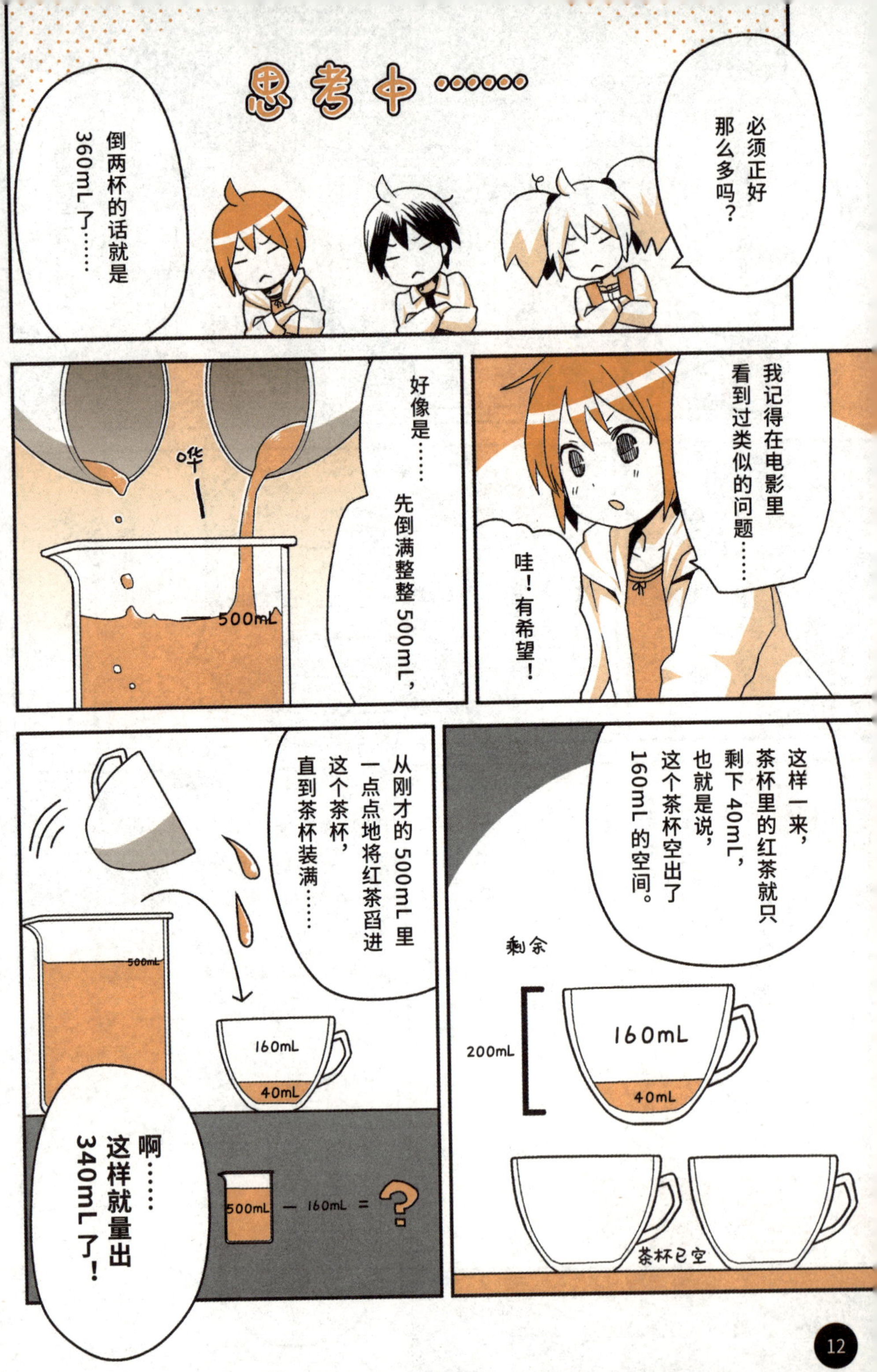

思考中……
必须正好那么多吗？
倒两杯的话就是360mL了……
我记得在电影里看到过类似的问题……
哇！有希望！
好像是……先倒满整整500mL，
哗——
500mL
这样一来，茶杯里的红茶就只剩下40mL，也就是说，这个茶杯空出了160mL的空间。
剩余
200mL
160mL
40mL
茶杯已空
从刚才的500mL里一点点地将红茶舀进这个茶杯，直到茶杯装满……
500mL
160mL
40mL
500mL － 160mL ＝ ？
啊……这样就量出340mL了！

第三题的答案不止一种。比如，把茶杯 A 中的红茶倒入茶杯 B，将其注满，这时茶杯 B 中有红茶 200mL，茶杯 A 中有红茶 160mL。然后，把茶杯 A 和茶杯 C 中的红茶倒入烧杯，就正好是 340mL！

邦—啪—咔—邦—
（机器语言）
嗖—
答对了！
被吸进去了……
哐 哐 哐 哐 哐 哐
声音好响……
咔
放学后科学探险队的小朋友们，你们好呀！
哐 哐 哐 哐 哐 哐 哐
馆山博士！
初……初次见面！
风子一直对我们很好！
哈哈——不用紧张，进来吧！
3道谜题你们都破解得很快嘛！
打扰啦
哇—

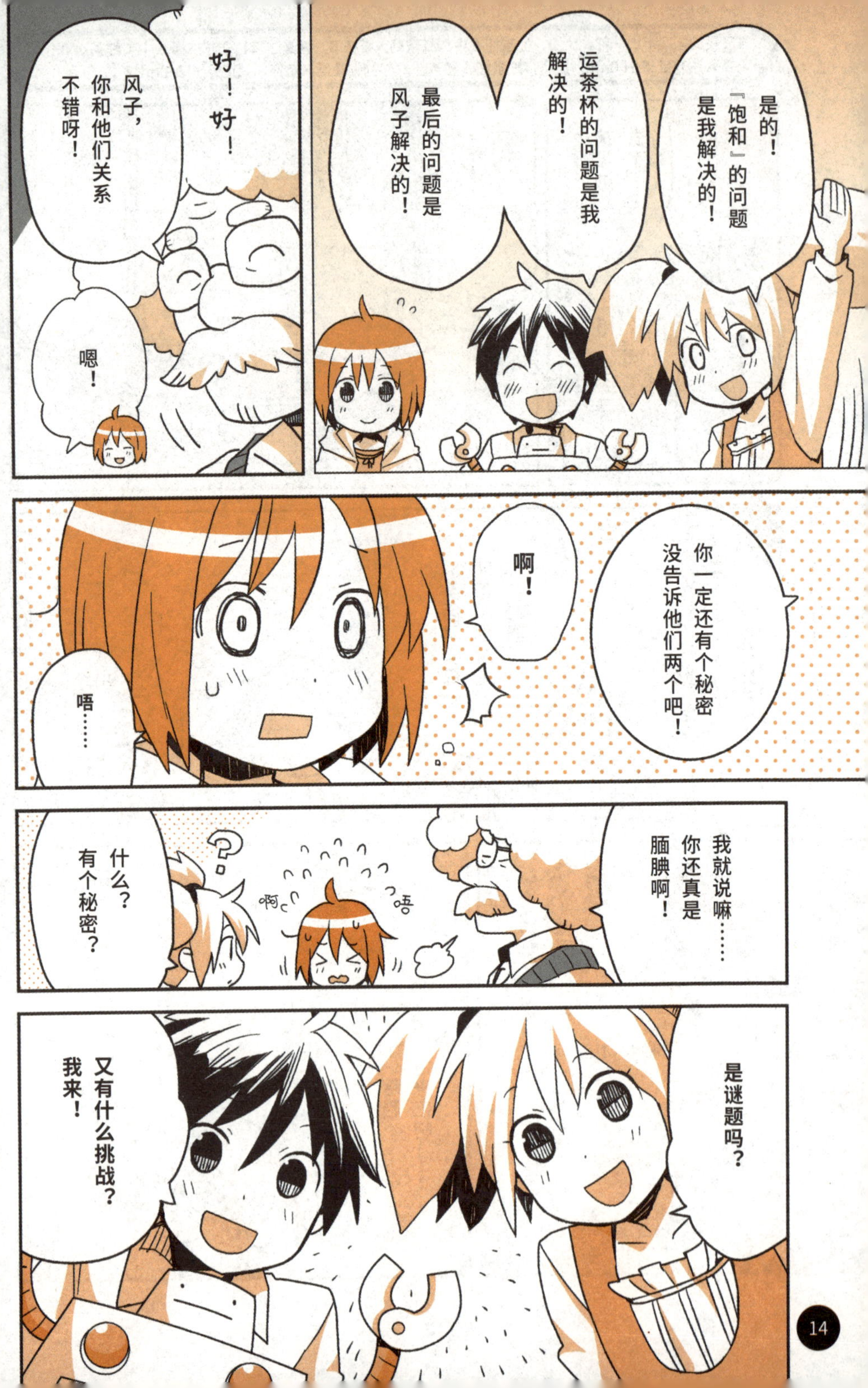
是的！『饱和』的问题是我解决的！
运茶杯的问题是我解决的！
最后的问题是风子解决的！
好！好！
风子，你和他们关系不错呀！
嗯！
你一定还有个秘密没告诉他们两个吧！
啊！
唔……
我就说嘛……你还真是腼腆啊！
唔
啊
什么？有个秘密？
是谜题吗？
又有什么挑战？我来！

哈哈哈！
你真是交到了两个好朋友啊！风子！
……
既然风子不好意思说，那就由我再出一道谜题吧。
好……好的！
今天是这个日子！
呼扇
呼扇
扇子？
扇子节？
还有！风子的『风』是『风的孩子』的『风』，风子的『子』是『风的孩子』的『子』。
吹～
电风扇？

你知道吗？
唔……
呼扇
呼扇
爷爷！我……我要自己说！
其实今天，
是我的生日！
扇子
电风扇
=
产生风
=
风子出生的日子
啊？！
原来如此！告诉我们也没关系嘛！
风子，生日快乐！
哎呀，我这个孙女……
她不好意思让别人祝贺自己，所以总是说不出口。
生日快乐！
啊啊啊啊……
我就想出了这个办法。

啪
叮——
啊！做好了！
唰——
咔哩
咔哩
咔哩
咔哩
咔哩
咔哩
看！我用你们刚才带来的红茶做了一个戚风蛋糕。
大家一起吃吧！
哇！
哇！都是变了色的食物！
粉色锦葵茶
（一种蓝色的花茶，放入柠檬后会因为遇酸而变成粉色）
我还做了这些，大家也来尝尝吧！
这可以叫酸碱变色套餐！
绿色荞麦面
（碱水与紫甘蓝汁发生反应，面条变成绿色）

虽然看上去有点儿怪，但是很好吃！
博士不仅懂科学，还很会做饭呢！
紫薯做的变色饼干
（一部分因发酵粉的碱性而变蓝，一部分因柠檬汁的酸性而变粉）
哈哈哈！做饭时也会用到很多科学原理的。
啊！没准备生日礼物！
怎么办？！
不用啦！
大家这样为我庆祝，我已经很开心了，所以……
既然如此，我就把破解谜题的奖品送给你们吧！
是签名书！
谢谢您！
也给你一本。
家里已经有30本了，不需要了……

其实还有一件礼物，
是你一直想要的东西。
风子一直想要的东西？！难道是……
惊
蛇？！
（参见『校园篇』）
显微镜！
哇！谢谢爷爷！
太好了！你要用它观察什么呢？
水蚤！
很可爱的！
放学后科学探险队的小朋友们，吃完之后，想不想看看全自动戚风蛋糕机的里面是什么样子？
想！
好好吃！
充满惊喜的生日宴会就是馆山博士送给放学后科学探险队的珍贵礼物！

了解溶液的性质

放学后科学探险队的小朋友们，吃完之后，想不想看看全自动戚风蛋糕机的里面是什么样子？
想！
好好吃！

爷爷把食物做成了奇怪的颜色……
他说这利用了水溶液的性质。

学习课题『溶液的性质』

水溶解物质以后，就变成了溶液。通过“校园篇”的学习，我们已经知道水是由极小的分子集合而成的。而在溶液中，溶质（被溶解的物质）被分解成了肉眼看不到的小颗粒，这些颗粒分布在水分子之间。食盐水、砂糖水等溶液是无色透明的，但根据溶质的不同，溶液有时也会呈现出有色透明的状态。

博士的第一道谜题，考查的就是“饱和溶液”的性质，即方糖在红茶（溶解了红茶成分的溶液）中达到溶解极限时的性质。不同物质会有不同的溶解限度，而且温度不同溶解限度也会有所变化。

水溶液的性质与 pH 值 *仅为大约数值

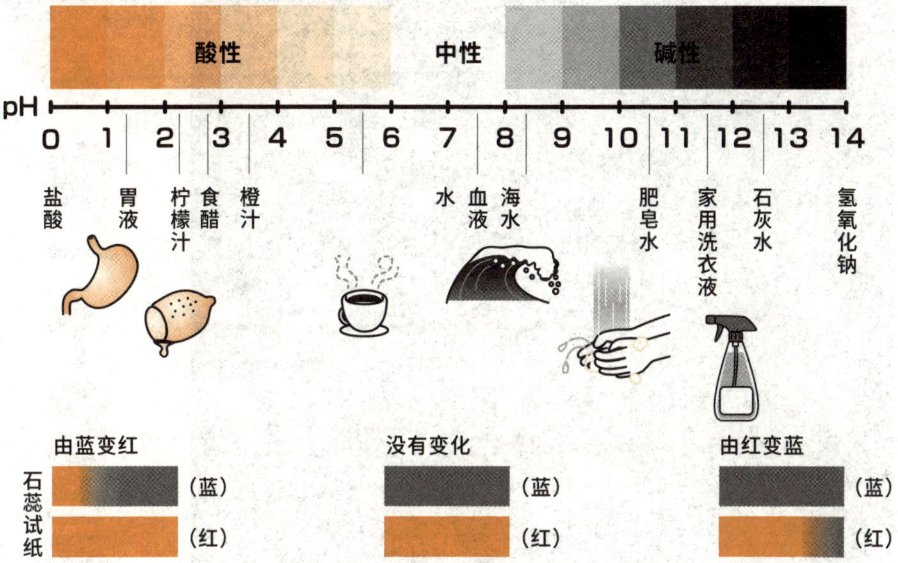
酸性
中性
碱性
pH
0 1 2 3 4 5 6 7 8 9 10 11 12 13 14
盐酸
胃液
柠檬汁
食醋
橙汁
水
血液
海水
肥皂水
家用洗衣液
石灰水
氢氧化钠
石蕊试纸
由蓝变红
没有变化
由红变蓝
（蓝）
（红）

我们无法从外观判断出溶液的性质。酸碱性是表示溶液性质的指标之一，比如橙汁是酸性的。

石蕊试纸可以用来检验溶液的酸碱性。蓝色石蕊试纸遇酸变红，红色石蕊试纸遇碱变蓝。这种试纸是用一种叫作“石蕊”的苔藓做成的。当然，我们也可以用其他植物的色素来代替石蕊。在“校园篇”中，妮可就用红色绣球花的汁液检验了溶液的酸碱性。

酸碱性的强弱程度可以用 pH 值来表示。pH 值由数字 0~14 表示，其中 7 代表中性，数字越小酸性越强，数字越大碱性越强。

做一做 ①

做一个双色蛋糕

需要准备的物品

- 紫薯粉 1 大匙
- 柠檬（汁）
- 蛋糕粉 1 袋（200g）
- 鸡蛋 1 个
- 牛奶 150mL
- 打蛋器、刮刀、勺子
- 大碗 2 个
- 蛋糕托 2~3 个
- 牙签

博士为风子的生日宴准备了变色甜点，我们也一起做做看吧！紫薯的色素属于花青素，这种色素在紫甘蓝、紫苏叶等蔬菜中普遍存在。花青素在中性时为紫色，酸性时为红色，碱性时为蓝色。利用这种性质，我们可以做一个双色蛋糕。

1

把紫薯粉和蛋糕粉倒入大碗，将其充分混合。

2

加入鸡蛋和牛奶，用打蛋器搅拌均匀。

注意

一直搅拌至没有浮粉。

3

将面糊盛出一半放到另一个大碗里，向其中一个大碗加入柠檬汁。

注意

蛋糕粉里的碳酸氢钠呈碱性，会使花青素变蓝。

4

用刮刀搅拌加了柠檬汁的面糊，面糊会变成粉色。这样，我们就做出了粉、蓝两种颜色的面糊。

注意

紫薯中的花青素与柠檬汁发生反应，颜色会变红。如果改变柠檬汁或紫薯粉的用量，颜色会怎样变化呢？你不妨多试几次。

5

将蓝色面糊倒入蛋糕托至 1/3 处。

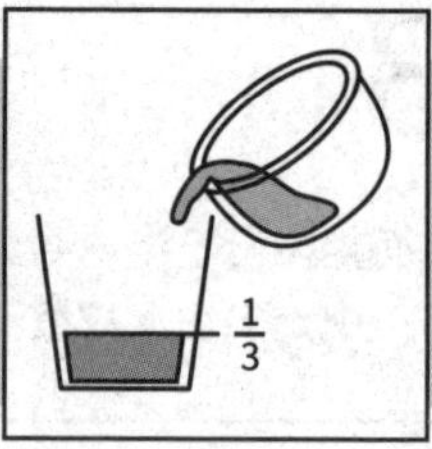

6

在蓝色面糊上方缓缓倒入粉色面糊，至蛋糕托的 2/3 处。你还可以在其他的蛋糕托里改变倒入面糊的顺序，或者增加层数，把蛋糕做成自己喜欢的样子。

注意

面糊受热后会膨胀，因此倒至蛋糕托的 2/3 处即可。

7

在功率为 600W 的微波炉中加热 3~4 分钟。

8

用牙签扎一下蛋糕，看看有没有烤熟。如果面糊粘在牙签上，就再加热 30~60 秒。如果面糊不会粘在牙签上，蛋糕就烤好了。

注意

刚烤好的蛋糕非常烫，小心烫伤。

尝一口看看，
非常美味哦！

9

把烤好的蛋糕从蛋糕托中取出。如果它完美地分成了两种颜色，那么，恭喜你成功了！

注意 如果你对某些食物过敏，一定要在吃之前向你的家长确认一下能不能吃。

还可以挑战这道菜！

第 17 页中出现的绿色荞麦面，其实只需要把紫甘蓝与荞麦面一起翻炒就能制作出来。因为荞麦面中有一种叫“碱水”的碱性物质，它能与紫甘蓝中的花青素发生反应，使面条呈现绿色。

哇！
都是变了色的食物！
绿色荞麦面
（碱水与紫甘蓝汁发生反应，面条变成绿色）

事件 2
暑假里的来客

吱
吱吱
吱
您好！
哦——
你们来了呀！
这是我奶奶。
接下来的3天
要麻烦您照顾啦！
暑假
哇！
好棒！
好大！
放学后科学探险队
要在托马的奶奶家
来一场三天两晚的旅行。

来啊！小丸子，我们来赛跑！
嘎吱
嘎吱
嘎吱
嘎吱
嘎吱
叮铃——
噔噔
噔噔
噔噔
小丸子，加油啊！
诶
你们也给我加加油啊！
老房子真好！
我爷爷总是喜欢添置新东西，家里就慢慢变样了……
那不是更好玩吗？我倒是挺喜欢的。

老房子才好玩呢！
没准还能碰上有趣的人或事？！
是指附近的人吗？
也可能是和我们一样的外来人！
兴奋
噗
你……你……
你们这些人！
虽然我们是放学后科学探险队，要用科学的力量解决问题，
但是出来旅行的话不要想太多别的吧！！
啊……
难道说……
你害怕了？
才……
才没有呢！
既然出来玩了，我们就出去逛逛吧！
沙沙……

……

奶奶，我们去周围转转！
穿好长袖衣服和长裤了吧？
穿好了！
点头

提示：外出自然观察要由成年人带领，并结伴同行。

哇！有好多动物！
哇！绿雉！那个是绿雉！好棒啊！
咚——咚咚咚
蟾蜍
呱呱
日本大龙虱
风子真是兴致勃勃呢……
绿雉虽然飞不高，
但是跑得超级快！
惊

这是奶奶家的杂树林。
我们可以进去玩。
鸟叫声！
叽叽喳喳……
这是夜莺吧？
噌噌噌噌
它跑了！
真的好快！
落叶在地上堆了厚厚一层……
松松软软
踩上去像是踩在海绵上。
这样就能把水分留在土壤里了。
看！树根这里有动物的粪便，
全都堆在一处。
这里会有什么动物呢？要是有图鉴就好了……
沙沙……

一会儿去图书馆查查吧！
就这么办！
咱们去找麻栎树！
麻栎树的特征，
是叶子细长，呈锯齿状。
最好能找一棵歪斜的麻栎树，然后观察一下它的树皮……
找到了！这里渗出了树液！
在树液的吸引下，独角仙和锹甲会在这里聚集。
* 树液也会招来马蜂。
要小心！
如果发现马蜂，
千万不要靠近它！

树液能吃吗？
不能舔！树液中含有已经变质的糖类物质！
可是它凝固以后就像麦芽糖，看起来很好吃……
有的树液是能喝的，比如白桦树液。
另外，松树和杉树的树液有黏性，因此也被称为树脂，树脂可以用作涂料。
树脂变成化石之后，就是琥珀啦！
松树树脂
琥珀
是宝石吗？
橡树的树液可以做橡胶。
糖枫树的树液可以做枫糖浆。
枫糖浆
人们从很久以前就开始利用树液了。
哇——
……没有独角仙
好——
要不要试试我做的诱饵？
香喷喷
啪
哇！是酒的味道，还有甜味……

实验材料
把2~3根香蕉捣烂，再加入砂糖、烧酒和干酵母，混合均匀后让其发酵。
然后把它装进长筒袜，挂在树上。
烧酒
砂糖
干酵母
到了晚上，就会有很多独角仙和锹甲围过来啦！
太好了！
惊
沙沙
怎么了妮可？
……我从刚才就感觉有什么人在盯着我们。
你想多了吧？
才不是呢！
哈哈哈！

啊……是粘衣虫*！
啊！
译者注：粘衣虫是日本特有说法，泛指各种会粘在人或动物身上的植物果实。
下去，下去，下去……
还是第一次听妮可叫得这么惨……
它它它它它……
它可是粘衣虫啊！粘衣虫！
咳咳
粘衣虫，其实就是会粘在衣服上的植物果实。
它们让动物帮忙传播种子，这是植物的一种繁殖策略，
比如苍耳就是这样。
苍耳秋天才结果，现在还太早了。
这应该是窃衣。

闪—
啊！是那个显微镜！她的生日礼物！
竟然一直带在身上！
快看快看！
哇！好多尖刺！
它们会粘在身上，就是因为这些尖刺钩在了衣服的纤维上。
魔术贴就是人们在这种植物的启发下发明的。
哦……
沙沙……
咦？
怎么了？
我还是觉得有人在看我们。
啊！
惊
刚……刚才是什么东西？！

刚才挂在这里的独角仙诱饵不见了！
什么？被偷走了？！
难道附近真的有别人！
别再说啦！
啊……这是什么？
小孩子的手印？
瑟瑟发抖
啊——
妮可，你冷静点儿！
不对，这不是人的手印！
是动物的……
什么动物？
是……

解谜线索

看脚印，认动物！

偷走独角仙诱饵的，好像是一只动物，它留下了这样的脚印……除了脚印的形状之外，还有几个值得留意的地方。

关键提示

- 这只动物留下的脚印是 4 趾的。
- 左右脚的脚印呈“之”字形排列。

生物题我来回答！
如果脚印是 4 趾的，说明这种动物善于踮起脚来快速奔跑。
如果脚印是 5 趾的，说明这种动物更擅长抓握东西。

线索在这里！

动物的脚印分两种，一种排列成一条直线，另一种呈“之”字形排列。这种动物的脚印是呈“之”字形排列的

看！树根这里有动物的粪便，
全都堆在一处。
这里呢？要是……

第 31 页提到的动物粪便也是一个重要线索！这种动物习惯于把粪便堆积在一处。

体型小，跑得又快……不会是野狗吧？

我一开始也以为是野狗，但看到刚刚那些粪便之后，我才恍然大悟。

哦？是脚印的主人留下的粪便？！

如果真是那样，它只可能是一种动物……

到时候通过图鉴或网络确认一下！

谜题的答案就在后面的故事里！

冒出
是狸！
啊！
惊
我刚才全都看到了，诱饵是被狸抢走的！
感谢投喂
夏毛
啊！原来刚才的粪便是狸的！
•脚印只有4趾。
•左右脚的脚印呈『之』字形排列。
这些都是狸的脚印特征。狐狸和狗之类的犬科动物也会留下这种脚印，但是，会把粪便堆积在一处的只有狸。
但是你是谁啊？！
那边的……那个东西……
小丸子？
我没见过那个东西，就一直跟着它过来了。
沙沙
怪不得我一直感觉有人在看着咱们。

嗡——
请问，它到底是什么生物呀？
它是机器人，不是生物哦！
看！这里有个电池，电池是存储电能用的。借助电能，它的各种零件才能活动起来。
啪
哇——
你叫什么名字？
嗡——
握手
我叫奏太，
就住在这附近。
你们是不是想捉独角仙？
这里很难捉到的！
嘻嘻
我带你们去个好地方！

哇！
好多蜻蜓！
那边的高山里蜻蜓更多！
啪嗒
这是红蜻吧！原来这个季节也有！
红蜻是来避暑的。
它们早在冰河期就生活在日本所在的这个地方了。
好热啊！
夏
山
6月
春
秋
水虿
水田
它们很难忍受炎热的天气，每到夏天，就会像这样飞到山上，等凉快了，它们又飞回山脚下。
咦？这只蜻蜓怎么是黄色的？
没错，它们原本就是黄色的，等到秋天完全成熟，才会变成红色。
大家来这边！

好多！
哇！好棒！
嘿嘿！
这里真是太棒了！
这可是我的秘密基地！
嗡——
啊！萤火虫！
哇！在哪儿？在哪儿？

啊——原来这就是萤火虫！不发光的时候，它看起来就像普通的甲虫。
雄虫发光是为了求偶。
这里是发光器。
它的肚子里有一种叫作『荧光素』的物质，这种物质分解的时候，萤火虫就会发光。
萤火虫会反光，这会让它们显得更亮。
萤火虫发出的光是不会放热的冷光，能量转化率非常高。
除了萤火虫，会发光的生物还有很多。
我不仅懂生物，化学也很好哦！
月夜菌
发光蚯蚓
夜光虫
比如月夜菌、发光蚯蚓、夜光虫……
鞭冠鱼头部的突起会发光，可以用来吸引猎物。
还有会吐出发光墨汁的乌贼！
哇！下次在图鉴上查查看！

你们懂得可真多啊！
嘿嘿！
我们还在学校成立了一个放学后科学探险队！
对！我们用科学知识解谜！
那请你们也帮我解一个谜吧！
这是我种的黄瓜，浇的水总是很快就蒸发了，所以它们都无精打采的。
就是这个……
这个花盆太小了，移栽到田里去怎么样？
不要！这是我自己的黄瓜！

唔……要保水的话——
翻找
有了！
冰袋？你要给黄瓜降温？
不！冰袋里有一种叫『高吸水树脂』的物质，可以吸收很多水分……
冰袋 请勿食用
像果冻一样！
嘟噜嘟噜——
这不是食物，千万不能吃哦！
把它碾碎，洒在土壤里。
这样就能防止干燥了！
哇！
把整个花盆都盖满，记得之后要不断补充！
这可是实际应用在沙漠绿化工程中的技术！

谢谢！
吱吱吱吱吱……
是暮蝉……
哇——我们玩了好久——
奏太，要不要来我奶奶家一起吃晚饭？
然后我们一起去看烟花！
真的可以吗？
我去和妈妈说一声！
跑走
啊！
冒出
妈妈同意我去了！
好快！
奏太的家就在这附近？
嗯！
可是这附近只有森林和水洼呀。

吱—吱—吱—
吱—吱—
啊
啊
啊
哇——好漂亮！
啊！这是铜在燃烧！
呲
锂是红色的，铜是黄绿色的，钠是黄色的。
不同金属燃烧时会产生不同颜色的火焰。
所以才会有五颜六色的烟花，这叫作『焰色反应』。
不同金属中的电子从激发态变回基态时会放出不同大小的能量，所以会产生这种现象。
？？？？
哈哈哈！她满脑子都是科学！
总之烟花很漂亮就对了！
说得对！
确实！

飞过
啊！是荧光素！
哈哈哈！
托马，谢谢你！
谢什么嘛！
吃吗？
给我们带来了美好的回忆！
别别别……别这样！
嗷呜嗷呜
啊！对了！
我们来试胆量！
!!啊
试胆量？
嗯！这里看起来很有趣，所以他们说要出来冒险，试试胆量。
啊啊啊！我不去！我不去！
妮——可——别——跑——
别发出怪声！
飘过
仓皇逃窜
仓皇逃窜

唉……一点儿意思也没有！
跳下
哦？
一起看烟花很开心！我该回家了！
啊啊——
妮——可——
啊！我想拿一个这个！
啪嗒
凉丝丝～♪
再见啦！
哎……
那孩子回家了，这是夏日里的偶遇吗？

做一做 ②

外出采集独角仙

合作·安藤『ANG』诚起

需要准备的物品

- 紫虫笼
- 捕虫网
- 手电筒
- 劳保手套
- 铲子
- 香蕉泥诱饵（材料及做法见下页）

奶奶，我们去周围转转！
穿好长袖衣服和长裤了吧？
穿好了！

即使是夏天，也要穿上长袖、长裤，以防被虫子咬伤。别忘了做一些驱虫准备（带上防虫喷雾之类的）。

关键提示

野外采集昆虫，需要在老师的指导和带领下进行哦。

暑假期间，放学后科学探险队采集到了独角仙，你也来试试看吧！

独角仙喜欢生活在杂树林里，吸食麻栎、枹栎等阔叶树的树液。要想采集独角仙，你首先需要通过观察落叶，寻找一棵可能有独角仙的树。麻栎的叶子是细长的，边缘呈锯齿状。枹栎的树叶也是细长的，边缘呈锯齿状（可以在图鉴上查查看）。

抓到独角仙后，你准备将它养起来，观察后放生，还是要做成标本？请你事先想好，然后做一些必要的准备。

找到独角仙的窍门

1

找到树液渗出的地方。

找到了！
这里渗出了树液！

独角仙喜爱的树液周围会聚集很多种昆虫。跟着去采食树液的蝴蝶走，是一个好方法。

2

独角仙出没的时间

多数情况下，独角仙会在 17：00—22：00 出来觅食。除了晚上，它们有时还会在 4：00—7：00 出没。

注意　如果天已经黑了，一定要和大人一起外出。

3

树根处也要仔细观察

独角仙常常会在树根处休息。如果树根处的土壤松软，你可以用铲子挖挖看。

香蕉泥诱饵的制作方法

材料：烧酒（2 小杯）、砂糖（1 小杯）、香蕉（2~3 根）、干酵母（1 大匙）、长筒袜、能密封的袋子

❶

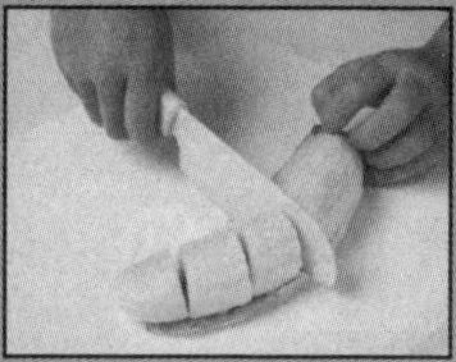

把香蕉切块，放入袋子（还可以放一些葡萄粒或菠萝块）。

❷

把烧酒、砂糖、干酵母倒入袋子，充分揉捏，使其混合均匀。

❸

在阳光下放置一天，让其发酵。发酵时产生的气体会让袋子鼓胀起来，使用时打开袋子放出气体即可。

到了晚上，就会有很多独角仙和锹甲围过来啦！
太好了！

把袋子里的香蕉泥装进长筒袜，趁着天亮挂在麻栎树或枹栎树上。

注意　香蕉泥诱饵用完后，要记得带回家处理。

做一做 3

饲养独角仙

需要准备的物品

- 饲养箱
- 饵料台
- 栖木、树叶
- 果冻饵料（摆成昆虫方便吃到的样子）
- 发酵木屑
- 喷瓶（让饲养箱保持湿润）
- 温度计（监控饲养箱的温度）
- 劳保手套（接触昆虫时可佩戴）
- 铲子
- 瓶子

准备好用具后，我们就可以为独角仙做一个家了。我们要努力为它创造一个舒适的环境，这样它才能活得更久。最适宜独角仙生存的温度是 22℃ ~26℃，你最好把饲养箱放在背光且阴凉的地方。

另外，如果把雄性独角仙和雌性独角仙养在一起，它们还可能会产卵哦。

为独角仙创造一个舒适的环境

1

将发酵木屑倒入饲养箱，厚度为 4~5cm。

2

把木屑表面压实。雌性独角仙大多会在压实的地方产卵。

3

在压实的木屑上方再倒入厚度为 10~15cm 的木屑。这些木屑要保持松软，以便独角仙钻入。

4

放入栖木和果冻饵料等，最后把独角仙放进去，盖上盖子。一个饲养箱里最多可以养一只雄虫或两只雌虫。如果把两只或两只以上的雄虫养在一起，它们会打起来的。

如果你发现了虫卵……

如果你在饲养箱里发现了虫卵，请把成虫转移到新的饲养箱里。然后，你可以检查一下虫卵。时机刚好的话，你可能会看到幼虫从卵中“破壳而出”！

做一做 4

观察独角仙

合作：神村学（农业生物资源研究所）

需要准备的物品

- 香蕉
- 可密封的塑料袋
- 饲养用具
（参考第 54 页）
- 面巾纸

想要研究昆虫，不仅要会饲养它们，还要去探究它们的活动方式。

独角仙偶尔会在白天出没，但大多数时候，它们都是白天休息，夜里出来觅食。

可是，夜里漆黑一片，它们是怎么找到树液的呢？它们的眼睛有夜视功能？还是树液的气味能把它们吸引过去？

我们可以通过下面的实验，找到这个问题的答案。

1

制作 3 种诱饵。

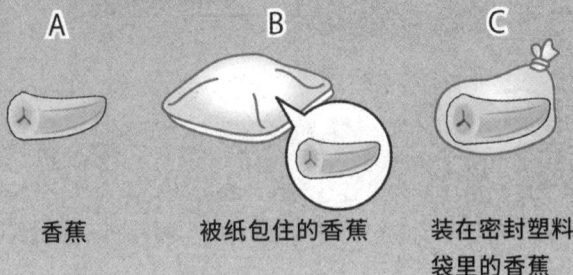

A　B　C

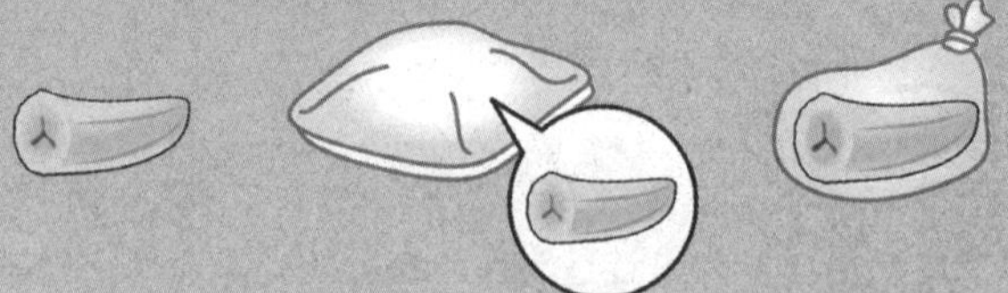

香蕉　被纸包住的香蕉　装在密封塑料袋里的香蕉

2

把 3 种诱饵放在饲养箱的饵料台上。

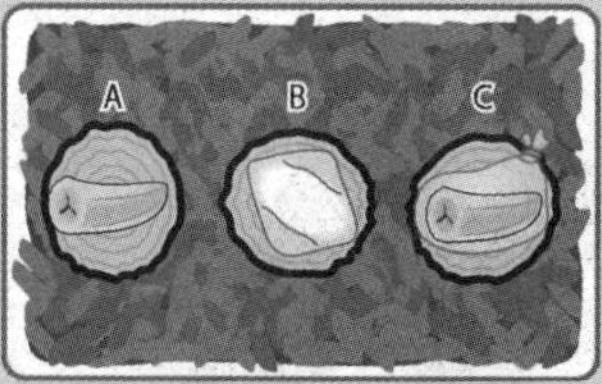

要点

如果没有 3 个饵料台，可以用小碗或者其他空容器代替。

3

把房间的光线调暗，等待 30 分钟左右。然后你会发现……

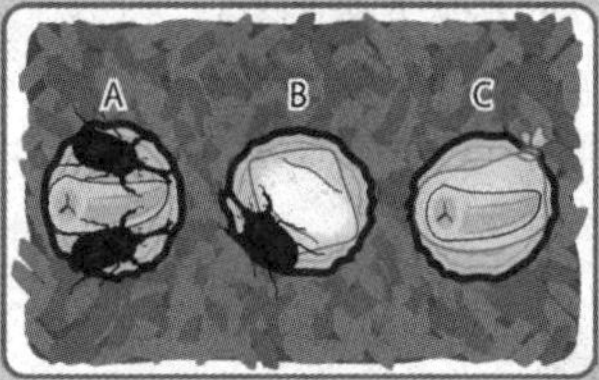

独角仙会在 A 和 B 处聚集，却对 C 不予理睬。

结果告诉我们

独角仙是通过气味找到食物的！

独角仙看不见被纸包着的香蕉，却能通过气味找到它；能看到密封袋里的香蕉，却对它不予理睬。在香蕉泥诱饵中加入烧酒，其实也是为了让香蕉发酵产生气味，吸引独角仙的注意。

进一步探究！

独角仙是怎么感知气味的？如果你仔细观察，会发现找到香蕉的独角仙张开了触角。很多昆虫是用触角感知气味的。

事件 3 文化节上的磁力

文化节的经费来了！大家开心吗？！
经费
耶！
我们只是个兴趣社团，却总能拿到经费呢——
经费
嘿嘿嘿……那是因为我们平时表现得好！
为了防止你们乱来，请你们在文化节上做一天像样的展示。
老师！
去年你们干了什么……
咳
还记得吗？

对不起！我们没经过老师同意，就让小丸子在学校里来了一场极速环道飞车表演。
啊—
哇—
嗖—
低头
认错
哼
还有这种事……
好！那我们就来想一想要展示什么！
想做展示的人举手！
噌
我！我！我！
好的！风子先说！
嗯？
啊？我？！
可……可以办一个**水蚤展览会**……
把显微镜摆成一排，让大家来观察水蚤。
人山人海

水蚤和虾蟹一样，都是甲壳动物！
雌性水蚤可以通过克隆自己繁殖后代，只有在环境恶劣时，它们才会生下雄性水蚤，与它们一起产卵。
然后，还有……
唔——有点儿太普通了。
托马有什么想法？
我想给小丸子装上超导体磁悬浮设备，让它在实验室里尽情飞奔！
哇！这个好酷！

我听说JR东海正在研发的磁悬浮列车的时速能达到500km。
没错！linear这个词是『直线的』的意思，磁悬浮列车使用的是直线式电动机，而不是旋转式电动机。
咦？不是『磁铁』的意思吗？
『磁铁』是magnet啦！
磁铁反复穿过（切割）闭合的可导电的金属线圈，线圈中就会产生电流，这个大家知道吧？
这叫电磁感应！
线圈
磁铁
发电站也是应用这个原理工作。靠水力或火力产生机械动力去『移动』磁铁，最终转化为电能。
移动磁铁能制造出电流，反之，给金属线圈通电能让它产生磁性。
磁铁
S
N
金属线圈
通电后的金属线圈会变成电磁铁
S
N
S
N
排斥
S
N
S
N
旋转
改变电流方向
磁极会发生反转
S
N
S
N
反转磁铁的两极可以制造出旋转力，这就是旋转式电动机的原理。

磁悬浮列车也应用了这个原理，只不过它是把旋转的磁铁改成了直线前进的列车。
磁极转换
S N
S N S N S N
听到『磁悬浮列车』，我们就会想到靠磁力悬浮在空中的列车，车体和轨道间没有摩擦，所以它的速度很快。
这种列车在世界上已经投入使用了，比如中国上海的磁悬浮列车就已经开通运营了。
而JR东海要研制的是超导体磁悬浮列车！
超导体！
哇！听起来好厉害！好帅气！

超导现象是把某种金属或合金冷却到一定温度后，电阻变为零的现象。
电阻
0
温度
电流流经有电阻的物体时会产生热量，同时也会损失相应的能量。
热
叮当
热
叮当
但是在超导状态下，物体没有电阻，电流可以半永久流动。
畅通无阻——
因此，超导体能产生更强的磁力，可以让列车悬浮在 10cm 高的半空（一般导体能让列车悬浮 1cm），这样它就能跑得更快！
所以，就让我们来展示超导体磁悬浮小丸子吧！
超
超导体小丸子
拍
怎么了，妮可？

超导体需要冷却到多少摄氏度？
啊？－269℃……
零下……！
要怎么冷却？
这用液氦……
凑近
抽出
经费
经费一共只有3000元！
啪
呃……
而且这是3人份的经费！
唉！
既然买不起材料，就只能放弃超导体计划了。
1L 液氦大约 1200 元
垂头丧气
那个……你爷爷能不能借我们一些实验器具用呀？
馆山博士
开玩笑的……

不行！
这可是学校给我们的挑战！
我们必须用有限的经费做出有趣的展示！
妮可的斗志燃烧起来了……
气势汹汹
只有3000元，买点儿装饰品就花光了——
那
那
那就办独角仙展览会……
热烈讨论
欣慰点头
唔……
我们是放学后科学探险队，有没有更名副其实一点儿的？
唔—
对！
科学解谜大闯关怎么样……
就是之前馆山博士做的那种。
听起来很有趣，但好像还是差了点儿什么……
差了点儿什么？
那样的话，只有喜欢科学的人才会来参加吧？
我想要办一个更怎么说呢……

我想问……
放学后科学探险队的大家是因为什么聚到一起的？
因为……因为我们是朋友？
这是一方面，不过我觉得应该还有一条——
我们都觉得科学很有趣！
说的也是！我和托马就是小时候在科技馆的实验教室发现彼此兴趣相投的！
你是不是也想把这个和这个混在一起试试？
对……
不能随意试啊！
老师
是啊！我们是因为喜欢科学才聚在一起的！
我们组成小队也是为了让更多人看到科学的厉害之处！
我希望我们的展示可以让大家尽情享受科学的乐趣……
让不喜欢科学的孩子从此喜欢上科学！
与其空想，不如实际动手做一做！
就这么定了！我们要开办一个
科学体验屋！

邀请大家一起来做磁悬浮列车怎么样？
我们可买不起超导体哦！
我已经放弃超导体啦！
让我们想几个又简单、又省钱、又有趣的实验！
来吧！
①铺设轨道
用铝箔胶带把底部和边缘包起来
铝箔胶带
放上一片塑料片
5mm
10mm
使用不导电的材料
4cm
把铁酸盐磁铁以 2 枚为一组，共排列 15 组，用双面胶粘在塑料片上（一共需要 30 枚铁酸盐磁铁）。
* 排列磁铁前，你需要先调整它们的朝向，使磁极方向统一。
只需要用这两种磁铁！
铁酸盐磁铁
钕磁铁
提示：钕磁铁是一种磁力很强的磁铁。被它夹到手可能会受伤，请你在大人的陪同下使用。
②制作车身
5cm
3cm
锡箔纸
折叠
2cm
2cm
粘在海绵背面
完成

用钕磁铁
可以很轻松地
把电池串联起来
带夹子的导线
7 枚钕磁铁
6 节相同型号的干电池
把塑料片正面朝上摆好
哇！动了！
嗖
其中的原理和刚才介绍过的一样！
用从杂货店买到的材料就可以做！
哈……
有钕磁铁的话，还可以这么玩……
文化节当天
人头攒动
让你心动的
科学体验屋
那么——如果让这颗钢珠……
慢慢地滚过去会怎么样呢？！
钢珠
钕磁铁
窗帘轨道

* 提示：做实验之前，要先认真思考并预测结果；做实验时要注意安全，避免受伤。

解谜线索

预测磁力的效果！

那么——如果让这颗钢珠……
慢慢地滚过去会怎么样呢？！
钢珠
钕磁铁
窗帘轨道

托马的磁悬浮列车很好玩，但是我用钕磁铁做的这个实验操作起来更简单，而且会带来更有冲击力的视觉效果！

你猜到会出现什么结果了吗？

关键提示

- 钢珠会慢慢接近钕磁铁。
- 钕磁铁另一侧的钢珠会受到影响。

这个实验我还是第一次见。钕磁铁的磁性非常强，所以应该会有很强的磁力作用在接近它的钢珠上。

想一想会发生什么！

为什么另一侧要放 3 颗钢珠？
距离钕磁铁越远，磁力越弱，
难道说……？！

滚来的钢珠离钕磁铁越近，
受到的吸引力就会越强！

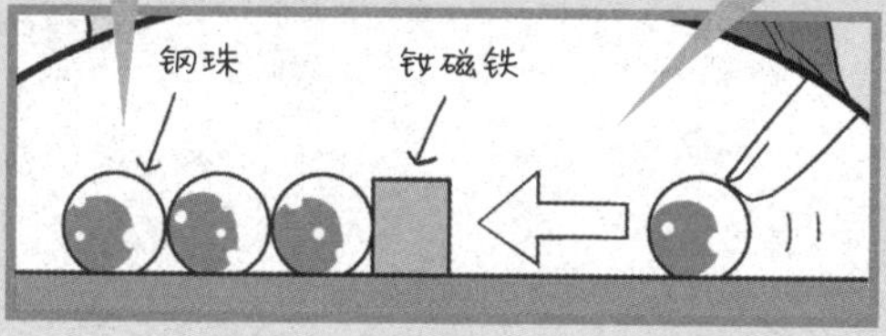

哇，你注意到了一个很关键的地方！

滚来的钢珠在接近钕磁铁时速度会加快。

没错，它的力量会直接传递给另一侧的钢珠。

最外侧的钢珠受到的吸引力最弱，所以……

大家已经猜到答案了吧？

谜题的答案就在后面的故事里！

请大家仔细看哦！
最外侧的钢珠弹射出去了！
啪——
当
骨碌骨碌骨碌
为什么会这样？
这是为什么呢？
哇——!!
大家快来！我们一起做这个试验！
在磁力的影响下，钢珠滚动的速度会逐渐加快，最后以很快的速度撞击钕磁铁。碰撞的瞬间，最外侧的钢珠会以相同的速度弹射出去。
哇！虽然听不太懂，但是很好玩的样子！

呦——真够热闹的！
馆山博士！
爷爷！
耶！全撞倒了！
啊！速度太快了！好难控制！
排队
这个老爷爷是谁啊？
爆炸头！
哈哈哈
爆炸头！
他可不是普通的老爷爷！
他是著名的科学家馆山博士！
看相貌很有特点啊……
科学家应该会每天做各种实验吧。
会不会很紧张、严肃？
嗒嗒嗒嗒
如何让活动更酷、更好玩呢？

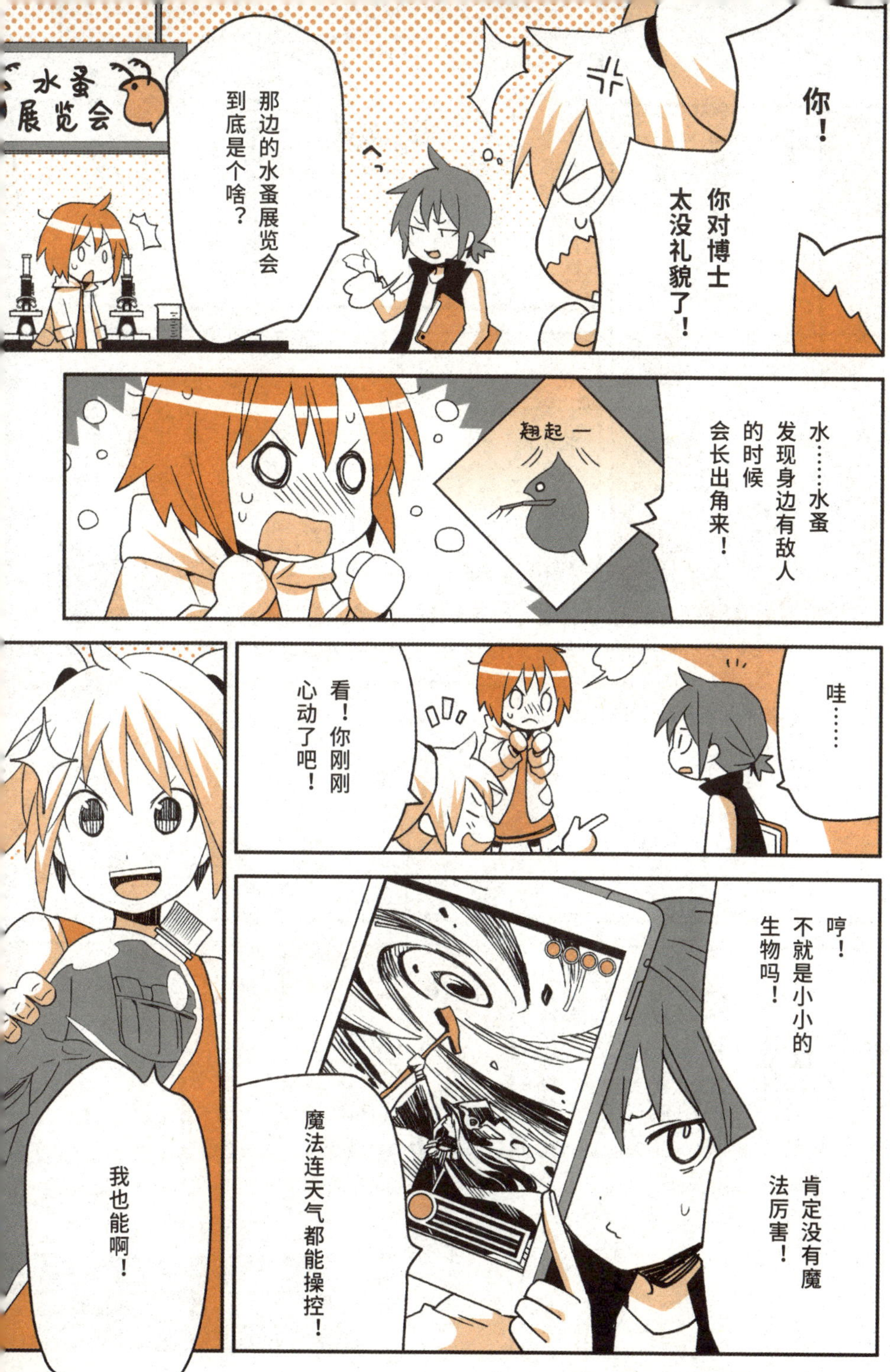

水蚤展览会
你！
你对博士太没礼貌了！
那边的水蚤展览会到底是个啥？
水……水蚤发现身边有敌人的时候会长出角来！
翘起ー
哇……
看！你刚刚心动了吧！
哼！不就是小小的生物吗！
肯定没有魔法厉害！
魔法连天气都能操控！
我也能啊！

请看下面的实验！
把温水倒进塑料瓶里，
100mL左右
加入一点儿线香的烟，再盖上盖子，摇晃几次。
咣当 咣当 咣当 咣当
然后……
挤
挤
挤
看
哇——
变白了！
这就是云！
冷
热
尘埃
云
水蒸气
大地
水蒸气上升到空中后，由于气温降低，会从气体变回水滴，附着在尘埃上。
塑料瓶在被突然挤扁又还原后，里面的温度会降低，线香的烟相当于尘埃，水滴就会附着在上面啦！
也就是说，我模拟了云的生成！

你想试试吗？
想！
用火的时候要认真听我的指示哦！
围住
团团
切！这些不过是雕虫小技！
魔法还能让人自由自在地在天上飞！
我们也有飞机啊！
侦察机SR-71，它的最高速度能达到1.14千米/秒，是音速的3.5倍呢！
而魔法没有科学依据，都是骗人的！
那……科学能让时间倒流吗？
这倒是……还不能……
呃
能让人长生不老吗？
这个也还没实现……
哈哈哈

能召唤出巨龙吗？
能！
什么……还真能？！
召唤科摩多龙！
科摩多龙
超——长
科摩多巨蜥
印度尼西亚的固有物种，
也称科摩多龙，
体长可达3米。
好……好大！
它会喷火吗？
那就召唤——虽然不会喷火，但是会喷水射击的射水鱼！
不许小看我爷爷！
Biu—
还有，灯塔水母能
长生不老！
灯塔水母成熟后
会恢复成幼虫，
随着时间的发展，
它又能变为成熟体。
风……风子勇敢地站出来了！

感动……
呜呜呜……风子为了我……
他们在干什么？
好像是在辩论。
科学对魔法
可恶！你们总是有理由……
可恶——!!
而且还是3对1，不公平！
啪
啊！
呀
这可不行！
我偏要这样！
呀
嘿

用力
拽
回来！
悬空
?!
?!
小丸子！
给你
呼—
您……您用了魔法吗？！
哈哈哈！
可以这么说！
啊！这是……线？
细到几乎看不见……

这是我用蜘蛛丝做的渔网！
比铁丝还要强韧4倍！
接下来，再让你们见识一下『魔法』！
请帮我拉上窗帘，再把灯关上！
?
啪嗒
哇——
是精灵！
这是全息投影……
还有巨龙！
爷爷是什么时候……
指尖生火！
嘭
这个用到了运动传感器！

你们认为魔法和科学没有联系……
是……是啊……它们完全不一样嘛……
可是……真的是这样吗？
人们一度认为腔棘鱼是不存在的，
地球绕着太阳转，遗传因子其实是一种叫作 DNA 的物质，这些在今天看来都是常识的东西，
在刚被发现时没有一个人相信。
唔……
科学家们总是敢对常识提出质疑。
哪怕是对魔法，他们也会抱有怀疑的态度。这可能就是科学精神的一部分吧。

对不起！我不该说魔法是骗人的！
我乱扔你的机器人，我才该说对不起！
其实我觉得你们的实验……
特别棒！
哎呀！文化节还没结束啊！
要不要试试做磁悬浮列车？
……要！
我去招呼一下大家！
同学们！科学很好玩的！
人山人海
我们能用科学让你体验到拥有魔法的感觉！
让你心动的科学体验屋

了解磁铁和电磁铁

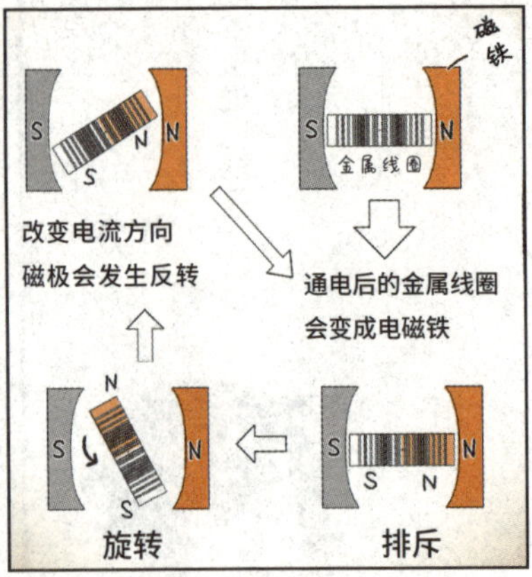
磁铁
S
N
S
N
S
金属线圈
N
改变电流方向
磁极会发生反转
通电后的金属线圈
会变成电磁铁
N
S
N
S
S
N
S
N
旋转
排斥

托马介绍的磁悬浮列车
真有意思呀！
磁铁能让列车
达到时速
500km，
这到底是
为什么呢？

学习课题
『磁铁的性质』『电流的原理』

磁铁可以吸附铁制品。另外，相反的磁极间存在引力，相同的磁极间存在斥力，这两种力就是磁力。

靠近磁铁的铁制品也会拥有磁力。因为铁制品中本来就有许许多多的“小磁铁”，只不过它们的磁极方向没有统一。靠近磁铁时，铁制品中的“小磁铁”会统一磁极方向，也就变成了新的磁铁。如果想制作磁力恒定的“永磁铁”，需要先给铁制品加热，使“小磁铁”的磁极方向统一，再将其冷却。这样，小磁铁的磁极方向就能始终保持统一。

即使把长条形的磁铁切成两截，也不会出现只有 N 极或 S 极的磁铁，每截磁铁依然会是一端为 N 极，另一端为 S 极。这确实很不可思议，但现在你已经知道，磁铁是由许多小磁铁组成的，相信就不难理解其中的原理了。

铁制品中的“小磁铁”

变成磁铁前，
小磁铁的磁极方向不统一。

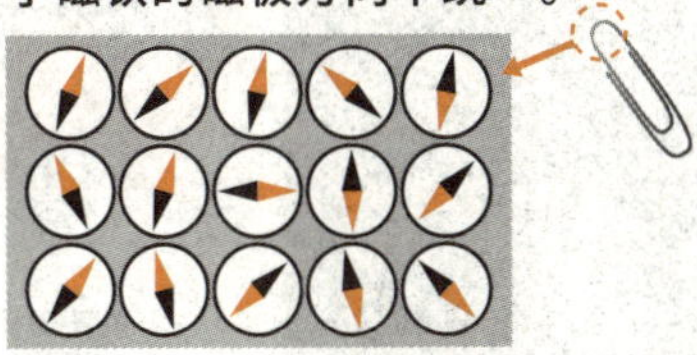

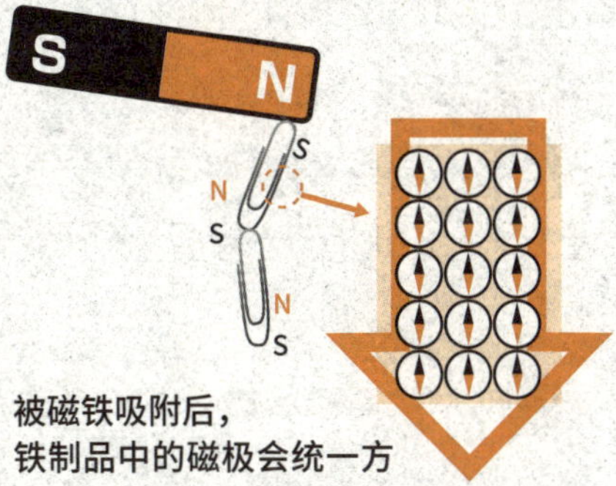

被磁铁吸附后，
铁制品中的磁极会统一方
向，变成新的一大块磁铁。

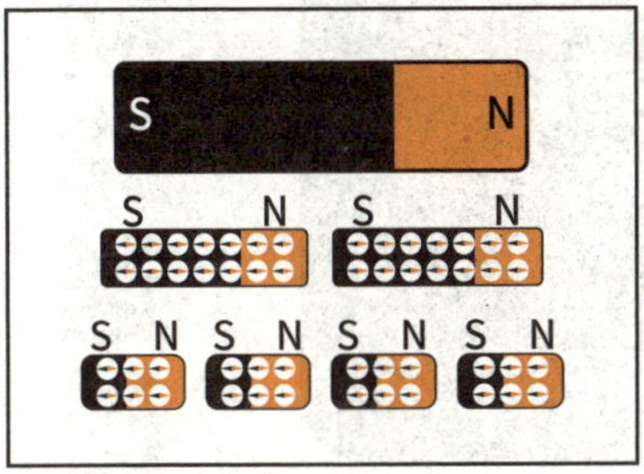

无论磁铁被切得多小，
一定总是一端为 N 极，
另一端为 S 极。

无论把磁铁分割成多么小的碎块，其中的“小磁铁”的 N 极和 S 极都会相互抵消磁性。因此，只有磁铁的两端会表现出磁性。

另外，磁铁与电之间也有着很深的联系。当我们给一个用导线缠出来的线圈通电，会发现每当有电流通过时，它就会产生磁性，成为“电磁铁”。如果逆转电流方向，电磁铁的 N 极和 S 极也会发生反转。利用这一原理，人们通过反复切换轨道上电磁铁的磁极方向，让它们与列车之间不断发生同极的相斥和异极的相吸，磁悬浮列车才得以直线前进。

在此基础之上，如果再使列车悬浮起来，减少摩擦力的影响，时速 500km 便可达成。

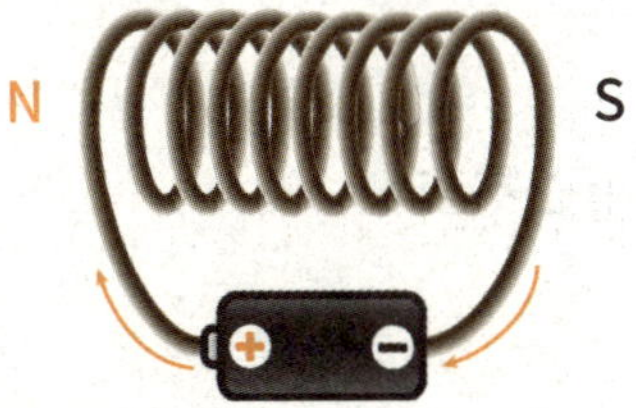

给线圈通电，它就会产生磁性。

做一做 5

高斯加速器实验

需要准备的物品

- 钢珠（弹珠游戏机用的）4 个
- 钕磁铁 1 个

注意　钕磁铁的磁性非常强，小心不要被它夹到手！另外要谨慎存放，不要将它放在电子产品和磁条卡旁边。

- 窗帘轨道
- 双面胶

高斯加速器的制作图纸见封底二维码，扫码获取

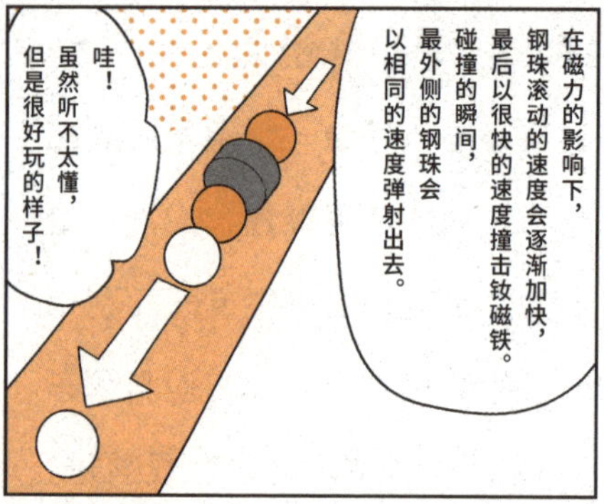

在磁力的影响下，钢珠滚动的速度会逐渐加快，最后以很快的速度撞击钕磁铁。碰撞的瞬间，最外侧的钢珠会以相同的速度弹射出去。
哇！虽然听不太懂，但是很好玩的样子！

在文化节上，妮可用钢珠和钕磁铁制成的实验装置也叫“高斯加速器”。“高斯”是磁感应强度的单位。在钕磁铁极强的磁力作用下，慢慢滚来的钢珠会被加到很快的速度。

装置准备好后，就可以实际操作一番啦，小心不要被高速射出的钢珠伤到哦。

1

用双面胶把窗帘轨道固定在桌面上，再把钕磁铁固定在轨道上。把钢珠 B、C、D 紧贴着钕磁铁并列摆放。

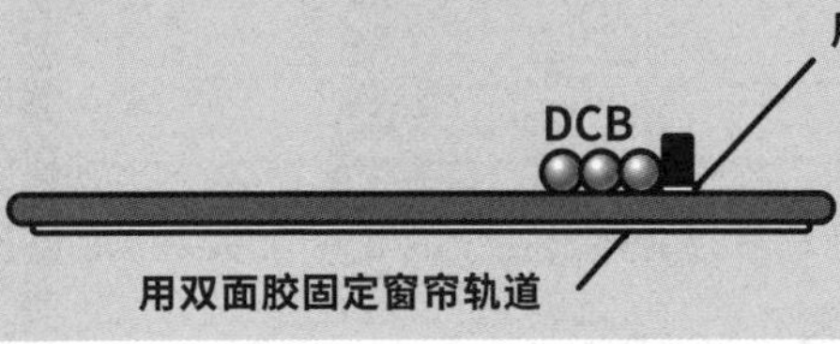

用双面胶固定钕磁铁
DCB
用双面胶固定窗帘轨道

注意　不要把手放在钕磁铁和钢珠之间，小心被夹到！

2

使钢珠 A 慢慢滚向钕磁铁。

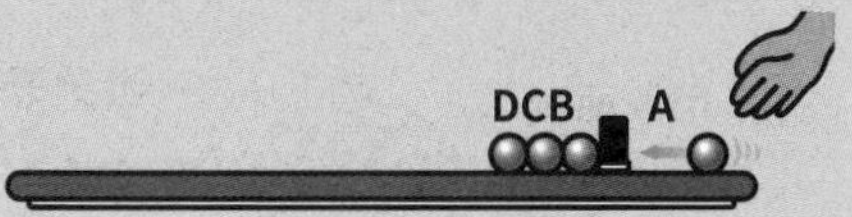

DCB
A

3

钢珠离钕磁铁越近，受到的引力越强。因此，慢慢滚动的钢珠会在接近钕磁铁的瞬间，达到肉眼看不出的极高速度。

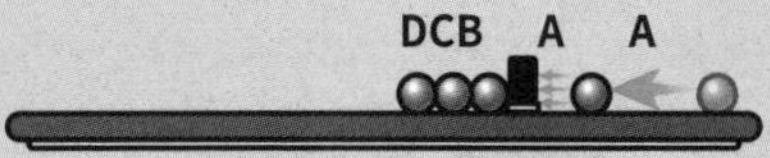

DCB
A
A

4

钢珠 D 会飞快地弹射出去。这是因为钢珠 A 的能量会沿着磁铁→钢珠 B→C→D 依次传递，钢珠 D 没有可以传递能量的对象，于是就弹了出去。

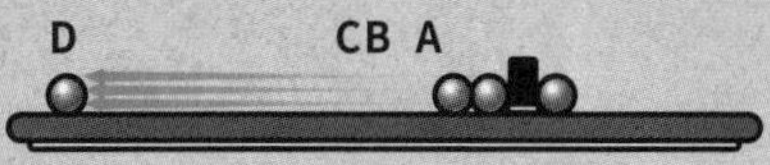

D
CB A

如果减少钢珠的数量会怎样？

钢珠离钕磁铁越近，受到的引力越强。因此，如果钢珠数量减少，最外侧的钢珠有可能不会弹射出去。你可以增加或减少钢珠的数量，多尝试几次。如果钢珠数量足够却还是效果不好，可能是因为钢珠之间存在缝隙，能量没有很好地完成传递。

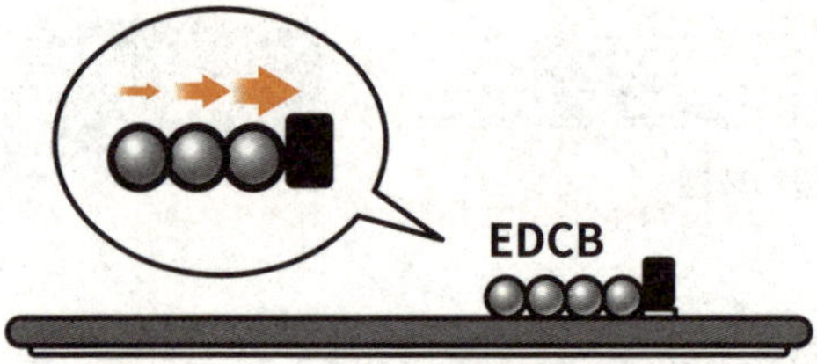

EDCB

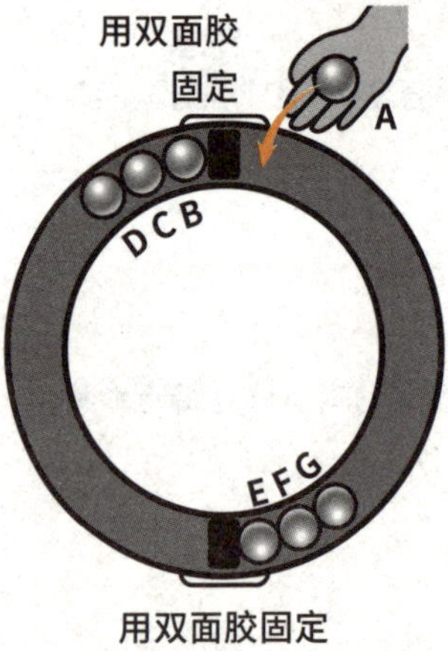

用双面胶
固定
A
DCB
EFG
用双面胶固定

如果轨道是圆形的会怎样？

如果用带凹槽的盖子，做一个如左图所示的圆形轨道，会发生什么呢？钢珠 D 最先被加速射出，滚动半圈后又会碰到钕磁铁，接着钢珠 G 将以更快的速度弹射出去。

加大难度试一试

如果增加钕磁铁的数量，它对钢珠的引力会更强，可以把钢珠加到更快速度。你还可以挑战一下右图所示的旋转轨道！

如果想让钢珠
沿着轨道旋
转，需要多少
枚钕磁铁呢？

注意

增加钕磁铁后，钢珠弹射的速度会非常快。请你留意钢珠的弹射路径，小心被高速射出的钢珠打伤。

托马的磁悬浮列车

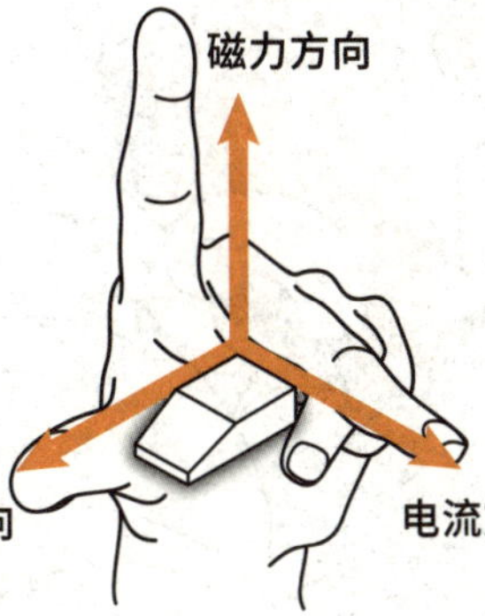

我们可以用左手，表示出磁力、电流和受力的方向，这种便于记忆的方法叫作“弗莱明左手定则”。当我们把左手的中指、食指、拇指摆成互成 90° 角的形状，它们就可以分别表示电流方向、磁力方向和受力方向了。

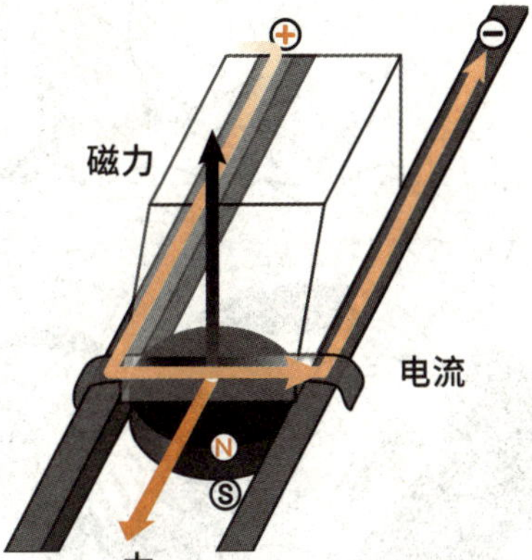

你有没有参照第 68 ～ 69 页，试着做一个托马的磁悬浮列车呢？

把磁铁同极向上排成一列，两侧铺上金属轨道，并通上电流。这时，底部贴着锡箔纸的海绵模型就会向前开动了。

linear 这个词是“直线的”的意思。所以，linear motor 指的就是做直线运动的电动机（译者注：磁悬浮列车的日文发音由和制英语 linear motor car 音译而来）。这样的电动机有很多种，比如第 85 页介绍的通过变换电流方向产生动能的交流电动机、托马用永磁铁制作的永磁电动机……

给靠近磁铁的导线通电，导线就会受力——托马的磁悬浮列车正是利用了这个原理。如果保持磁力方向不变，反转电流方向，导线的受力方向就会反转。同理，如果电流方向不变，反转磁铁方向，导线的受力方向也会反转。

事件 4
星星的轨迹

呃……搬家？
好不容易才适应新环境……
那只好这样了……
新家两个月后才能布置好。
搬家？！
好冷！现在几点？
凌晨3点……

好困……
但是星星好好看！
不知道能不能看到双子座流星雨！
谢谢风子的爸爸开车带我们来这里！
千万不能走远哦！
知道了！
这里好像还不错？
摊开
来吧！让我们准备观测天体！

指南针！
手电筒！
防寒服！
旋转星盘！
转星盘
双筒望远镜！
还有！
特制柠檬茶！
放了很多蜂蜜！
这是我和风子一起做的！
说起蜜蜂，其实所有的工蜂都是雌蜂，你知道吗？
吹
吹
你是想说，我就像雄蜂一样不肯劳动？
那你可就错啦！我给小丸子添加了新功能，一会儿你们就能看到了！

话说，蜂王浆是不是比蜂蜜还要甜啊？
蜂王浆……听上去味道不错！
同样都是雌蜂，喝了蜂王浆的那只就能变成蜂后，真是太神奇了！你说是不是，风子？
呆——...
……
咦？平时一提到生物，风子都有很多话的呀？
?
啊
啊！抱歉！
蜂王浆……其实一点儿都不甜，
而是又酸又苦！
原来是这样啊！

我再去抱些毯子过来！
要不要我帮忙？
不要……
好吧！那你们三个一起好好玩，爸爸在这儿等你们。
啊哈！冬天的夜空是多么清澈、多么纯净啊！
那是因为冬天的空气很干燥，
不会有水蒸气凝结成云。
你现在变得很懂科学了嘛！
嗯！多亏了妮可和托马……
是吗？看来你新交的朋友还不赖哦！
嗯……我特别喜欢他们……

爸爸，
要是搬家的话，你想去哪里？
搬家的话……
奥地利是个不错的选择！
音乐家→
奥……
奥地利！
慢香香
慢香香……
风子这是怎么了？
怎么办？该怎么和大家说搬家的事……
没……没什么……

双子座在那里！
还能看到冬季大三角，好棒！
提问！组成冬季大三角的星星都叫什么名字！
啊！夏天的话有天津四……牛郎星……织女星……冬天有什么来着？
是参宿四、南河三、天狼星！
小犬座
南河三
参宿四
猎户座
天狼星
大犬座
天狼星，就是大犬座α（阿尔法）星A！很有名的！

天狼星比其他星星都要亮，是一颗 -1.5 等星！
天狼星
太阳
它还是白矮星，质量是太阳的2倍。
虽然不算大，但因为离地球近，所以显得特别亮。
哦……你说它离地球近，到底有多近呢？
约 8.6 光年。
1光年大约是 9.5 兆千米……
天呐！我晕了……
啊哈哈！
一看到星星，就会想到我们实在是太渺小了！
是啊！
要是站在星星上看，奥地利离日本也不是很远……

* 译者注：天狼星的视星等的精确数值为 -1.46 等。视星等指的是观测者用肉眼所看到的星体亮度，数值越小亮度越高。

啊！是流星！
双子座流星雨！能看到真是太幸运了！
你们知道吗？双子座流星雨其实并不是从双子座飞来的
我知道！『双子座』只是流星飞来的大致方向！
每年冬天，双子座附近都会出现流星。流星其实就是宇宙中的尘埃，它们受到地球吸引，穿越大气层时会熊熊燃烧，我们也就看到了亮光。
虽然只是尘埃，但是……
愿还是要许的……
下次的发明比赛不要输给妮可！千万不要输给妮可！
希望将来能成为科学家！
希望能和大家……

希望能和大家永远在一起！
眼泪
吧嗒吧嗒
啊……
托马，你的愿望是什么？
哼！你先说你的！
风子的愿望呢？分享一下嘛——
…
奔
咦？！她怎么跑走了！
风子！
奔

好像走了很远……天是不是快亮了？
差不多该回去了……
可是我现在在哪里？完全辨不出方向……
树林
草坪
只记得是从草坪跑向了树林……
喵呜—
一只小猫！
瑟瑟发抖
喵呜
它受伤了！得赶紧包扎！！
怎么办……
喵呜
啊！那里有一颗很亮的星星……比天狼星还要亮！

解谜线索

黎明时最亮的星星是？

风子在树林里迷路了！
分不清方向的时候，
她抬起头，
看到黎明的天空中有一颗星星
正闪着耀眼的光芒。
你知道那是哪颗星吗？

关键提示

- 夜空中最亮的恒星是天狼星，黎明最亮的这颗星星比天狼星还要亮。
- 这颗星星是黎明时出现的。

比视星等为 -1.5 的天狼星还要亮，说明这颗星星不是恒星，而是太阳系中的行星！
说到行星，那就是“水金地火木土……”了。

是哪颗星呢？

（还有天王星和海王星）

水星
离太阳最近的行星！

金星
傍晚和黎明最亮的星！

火星
发出红色的光！

木星
太阳系最大的行星！

土星
土星有环！

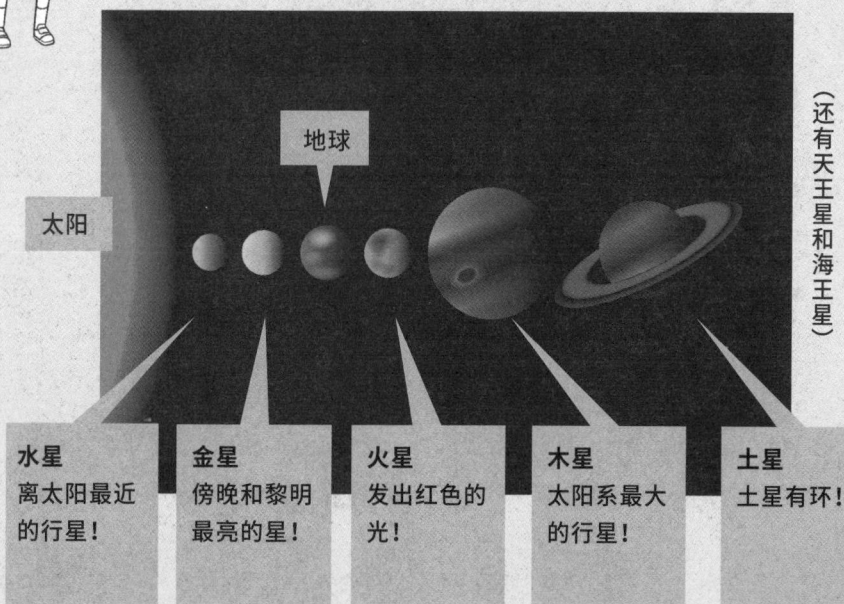

看样子答案已经能确定了。

知道了是哪颗星星，就能判断方向了！

太好了！会认星星，就不怕迷路了。

谜题的答案就在后面的故事里！

它是黎明时出现的，而且特别亮……
是金星！
金星在傍晚时会出现在西方的天空中，这时人们叫它『长庚星』；
在黎明时会出现在东方的天空中，这时人们叫它『启明星』。
金星
金星最亮的时候亮度可以达到1等星的170倍！
哇……

所以，我正在向东走！
北
东
西
南
草坪
继续直走，应该就能回去了！
金星也叫地球的『姐妹星』，因为它的大小、密度及形成时期都与地球十分接近。
但是，金星和地球的环境截然不同。
地表温度平均为462℃
为了弄清背后的原因，日本发射了『拂晓号』金星探测器！
拂晓号
由于主力推进器出现故障，『拂晓号』第一次发射以失败告终。
科学家们花了整整两年时间重新对金星轨道进行计算，最后终于用姿态控制推进器把探测器成功投入金星轨道。
好厉害！
拂晓号发射成功
好冷……
天黑的时候，满脑子都是他们两个！
呜呜……
瑟瑟发抖
别怕……

有人吗—
有人吗—
啪
风子！
太好了！我们还以为你走丢了呢！
！
这只小猫……
小猫受伤了！
啊！
那边好像有烧烤架！
车里应该还有之前剩下的木炭，我们烧炭让小猫取暖吧！
瑟瑟发抖
虽然伤势不重，但是小猫一直在发抖呢！
得快点儿让它暖和起来！

嘭
划
火柴
嘎吱嘎吱……
风子，你会自己划火柴了啊！
嗯！因为放学后科学探险队经常用火做实验！
真是长大了呢……
嘎吱
嘎吱
我想问一下，木炭是木头烧剩下的部分，为什么还能燃烧呢？
因为木炭并没有被完全燃烧，它是用干馏法制成的。
制作烧烤用的木炭需要先把木头加热到400℃左右，使其中的水分和烟尘挥发出去，
然后封闭炭窑，制造出缺氧的环境，燃烧就会停止。

碳
这样一来，剩下的部分就是不会冒烟的碳单质了。
我明白了！燃烧的时候，碳会与氧化合，于是就生成了二氧化碳。
二氧化碳
没错！二氧化碳是无色无味的气体，所以木炭燃烧的时候不会冒烟，也不会有气味。
哇……妮可懂得可真多啊……
喵呜——…
鬼鬼祟祟
噼里啪啦
大功告成！
？
我刚才不是说过给小丸子添了新功能嘛！
呲
啊——

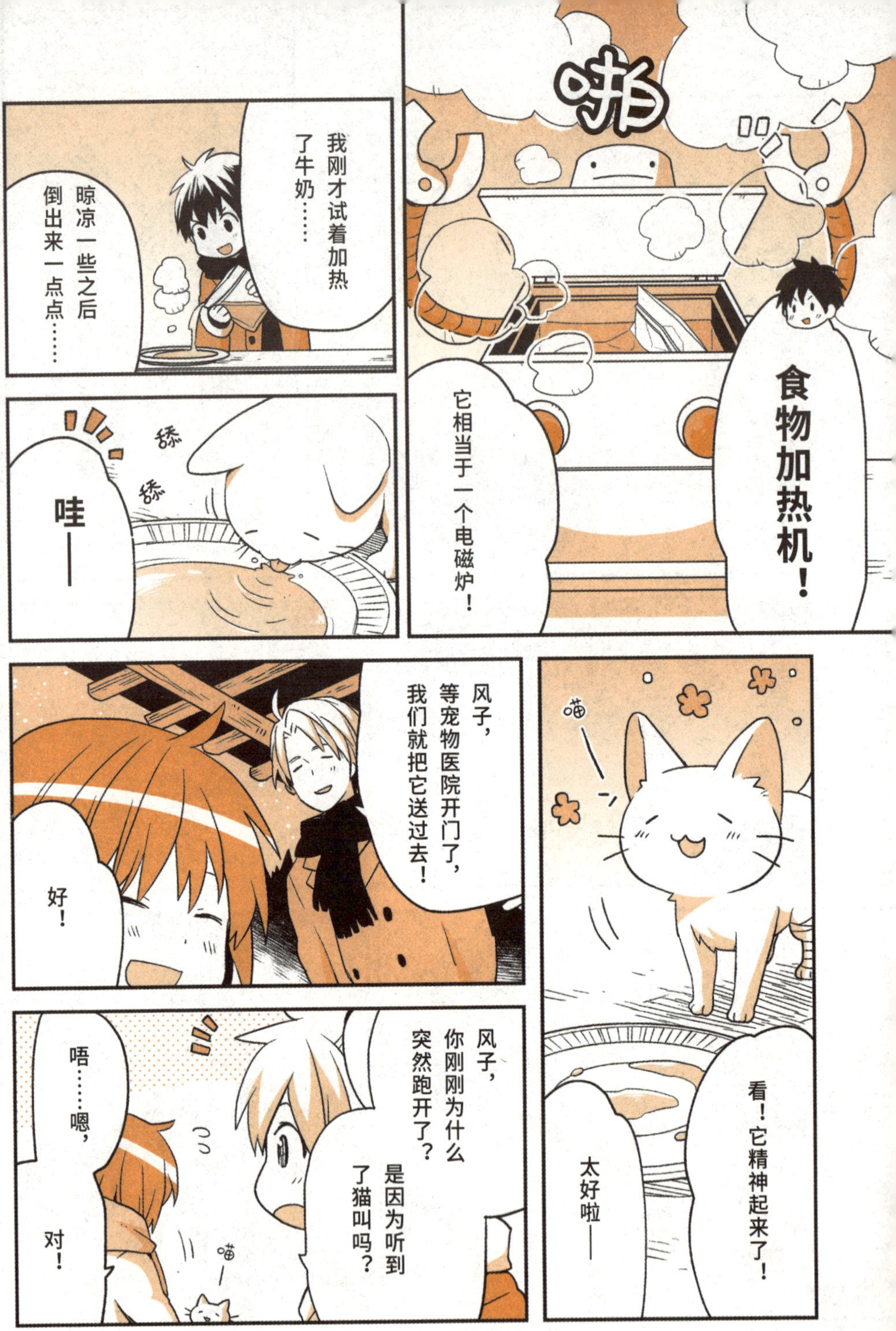
啪
食物加热机！
它相当于一个电磁炉！
我刚才试着加热了牛奶……
晾凉一些之后倒出来一点点……
舔
舔
哇——
喵——
看！它精神起来了！
太好啦——
风子，等宠物医院开门了，我们就把它送过去！
好！
风子，你刚刚为什么突然跑开了？
是因为听到了猫叫吗？
喵
唔……嗯，对！

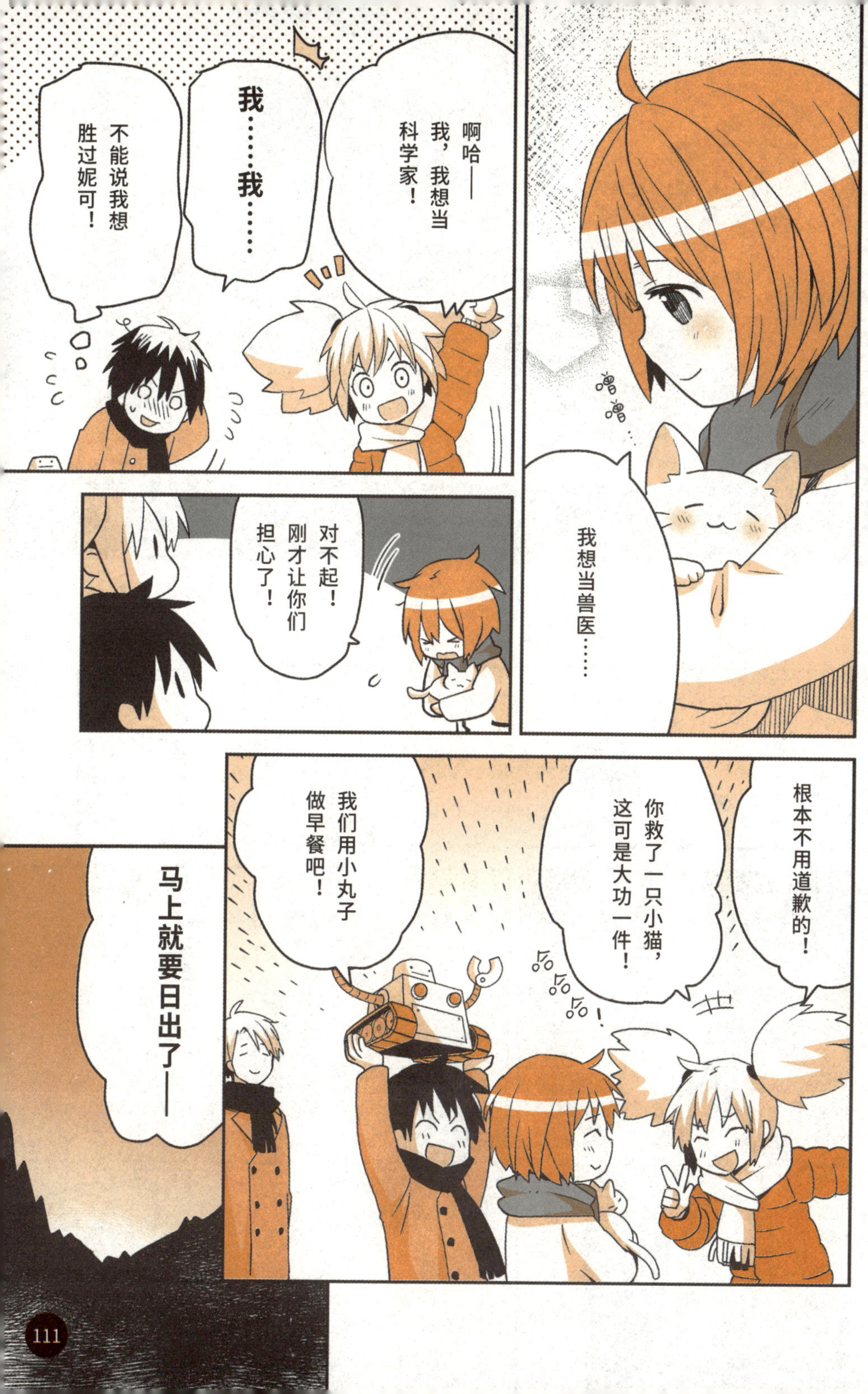
啊哈——我，我想当科学家！
我……我……
不能说我想胜过妮可！
我想当兽医……
对不起！刚才让你们担心了！
根本不用道歉的！
你救了一只小猫，这可是大功一件！
我们用小丸子做早餐吧！
马上就要日出了——

没关系的！
就算转学，有这份回忆也足够了……
我还是感觉有点儿怪怪的！
我也是！
那些眼泪……
放学后科学探险队是不会放过的！
我们跟踪她！

今天是周日，
她不和我们一起玩，
跑到这种地方做什么！
东张西望
我有些事
那里有一条河……
*不会是想给小猫钓鱼吃吧……
可是她好像没拿鱼竿……
而是戴着手套，拿着锤子，还戴着护目镜！
乔装！妮可她这是在乔装！
为什么？难道是不想被人认出来？
该不会是被什么人要挟了吧？
啊！
嘿
她要攀岩了！
手上抓着的石头……！
哗啦
啊啊！

*提示：河边、悬崖边等危险地带，一定要在大人的陪同下前往。

危险！
惊
咦？妮可？托马？
你们怎么在这儿？
我们一直跟着你！要是有什么心事你就说出来！
呃……这个……
不要一个人憋在心里，我们是朋友啊！
你们两个……
泪目
递……
这个……

一块圆圆的石头？
我想把这个送给你们留作纪念，希望我们还能再见面，
把它敲碎之后，说不定……
希望能再见面……？
……
我……我要转学了……
风子找的这块圆圆的石头究竟是什么？她想留下的纪念品是？

解谜线索

风子的礼物——圆圆的石头是什么？

作为临别纪念，
风子从悬崖峭壁上
找来了一块圆圆的石头……

关键提示

- 石头是从悬崖的峭壁上取下来的。
- 石头是圆的。

为了寻找这块石头，
我去了小河边。
这块石头里的东西代表了我的心愿，
也就是“希望能和他们再见面”。

线索就在其中！

为什么要去河边？
在水流的冲刷下，河边的地层会裸露出来，这一点很关键！埋在古代地层里的石头是……

这身装备是？
手套、锤子、护目镜。这身装备确实很奇怪，会不会是为了敲碎石头而准备的呢？

埋在古代地层中的圆形石头，里面该不会是……

从外面很难看出里面是什么。

为什么要送我们这个？

因为这里面的东西，很久很久都没有变。

了解星星的亮度和颜色

学习课题『星星的亮度和颜色』

“双子座流星雨”真漂亮呀！我想要学习更多有关星星的知识！

放学后科学探险队在户外看了美丽的流星雨。但其实，我们平时在家里也可以观察星空。在城市灯光的影响下，星星会变得不太好找。但即使是在市区，应该也是可以看到1等星的。

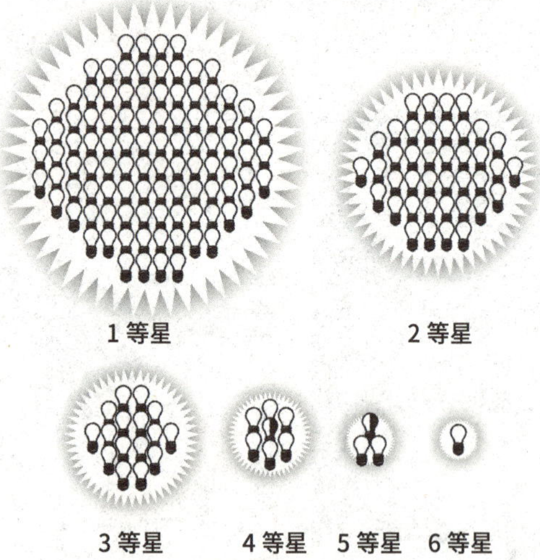
1 等星
2 等星
3 等星
4 等星
5 等星
6 等星

左图用简单易懂的方式表示出了星星的亮度。肉眼能勉强看到的星星是6等星，而1等星的亮度是它的 100 倍。

每个星等之间，亮度相差 2.5 倍。

用小灯泡表示星星的亮度。

此外，如果你仔细观察，还会发现星星的颜色也各不相同。星星的颜色与它的表面温度有关。如下图所示，红色星星的温度最低，蓝色星星的温度最高。

请你参考后面几页的内容，先在夜空中找一找 1 等星。

如果找到了组成星座的 1 等星，接下来再试着找一找太阳系中的行星。太阳和组成星座的星星，都是会自己发光的恒星。而围绕着太阳旋转，通过反射太阳光来发光的星星则是行星。从离太阳最近的地方开始，行星依次有水星、金星、地球、火星、木星、土星、天王星、海王星。行星非常明亮，很容易看到，但行星每天出现的时间和位置会发生变化。所以，我们还要知道每一颗行星会在什么时候出现在什么位置。

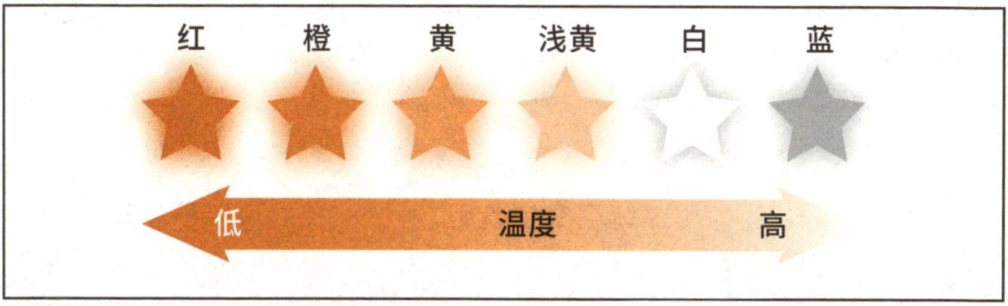

根据表面温度不同，星星的颜色会发生相应的变化。太阳看起来是橙色的，说明它是一颗表面温度较低的恒星。

风子看见的，是黎明时出现在东方天空中的“启明星”，也就是金星。

做一做

6

一起观察星空

需要准备的物品

- 指南针
- 手电筒
- 旋转星盘
- 红色玻璃纸

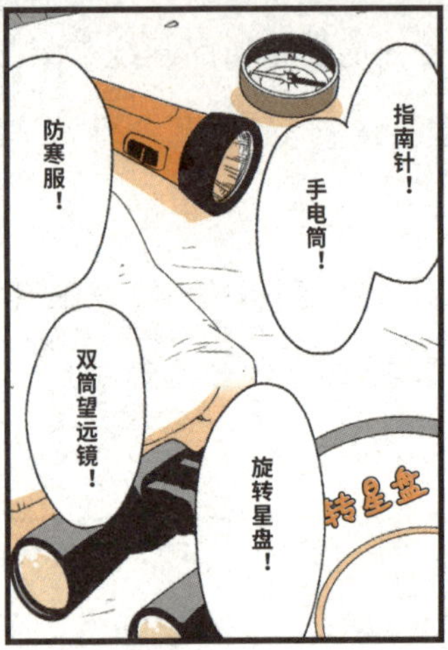

去户外观星的时候，我们还需要准备好防潮垫、防寒服、水和食物、驱虫喷雾、望远镜等。

在市区，我们也能在夜空中看到1等星。我们可以用旋转星盘（见第 121 页），找到我们想看的星星。

第 122 ～ 123 页介绍了各个季节里最有特色的星座。冬天的时候，夜空会格外晴朗，我们可以观察到很多明亮的 1 等星。

在每年的同一个季节，星星的位置是相同的。因此，我们可以按照季节去记星座。你还可以在有关星空的书籍或星象仪上找到自己喜欢的星座，这会让观星变得更有趣。

旋转星盘的使用方法

旋转星盘

这就是旋转星盘。有的旋转星盘可以在黑暗中发光。

1

旋转内侧的时间标尺，把月份、日期和时间调整为观测的时间。

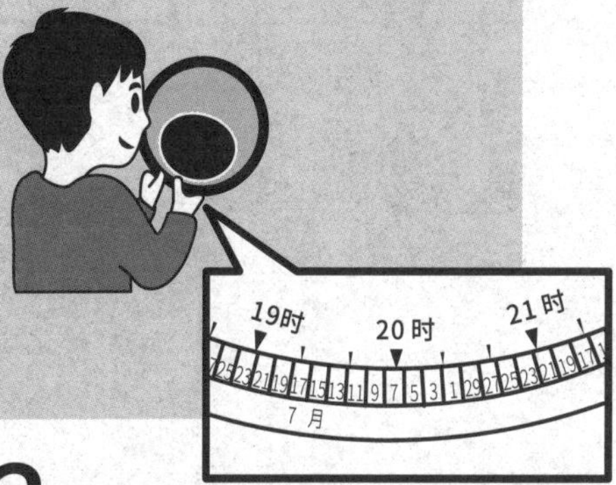
19时
20时
21时
7月

2

将指南针水平放在手心，让有颜色标记的指针指向北方。如果你想看东方的星空，那么请你面向东方站立。

东
北
南
西

3

观察东方的星空时，你需要把旋转星盘上写着“东”的一方朝下拿在手中，然后面向东方，把星盘举到头顶上。对照旋转星盘，找一找你想看的星星吧。

东方的星空
东

小提示

在黑暗中使用旋转星盘时，可以先把红色玻璃纸蒙在手电筒上，再对准旋转星盘打开手电筒。这样，你就不会感觉灯光刺眼了。

寻找有名的 1 等星

冬

冬季大三角

冬季的夜空群星闪耀。最引人注目的，就是全天最亮的恒星——视星等为 -1.5（译者注：精确数值为 -1.46）的天狼星，它位于大犬座。请你以天狼星为中心，将两手摆成 V 字形。这时，你的左手指向的是小犬座的南河三，右手指向的发红的星星是猎户座的参宿四。（* 根据星座位置不同，手张开的角度也会有所变化。）这就是冬季大三角。

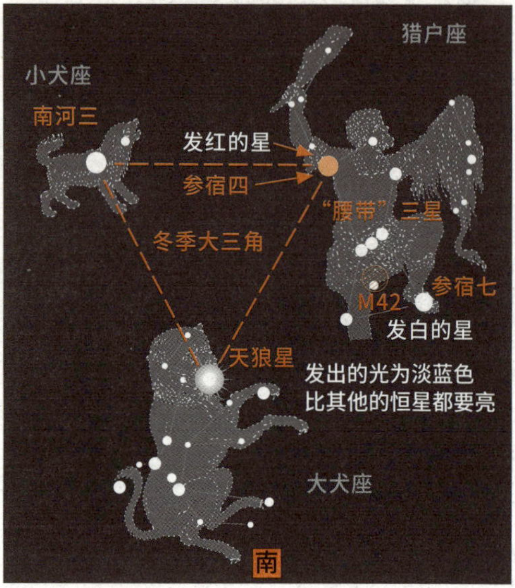

猎户座
小犬座
南河三
发红的星
参宿四
"腰带"三星
冬季大三角
参宿七
M42
发白的星
天狼星
发出的光为淡蓝色
比其他的恒星都要亮
大犬座
南

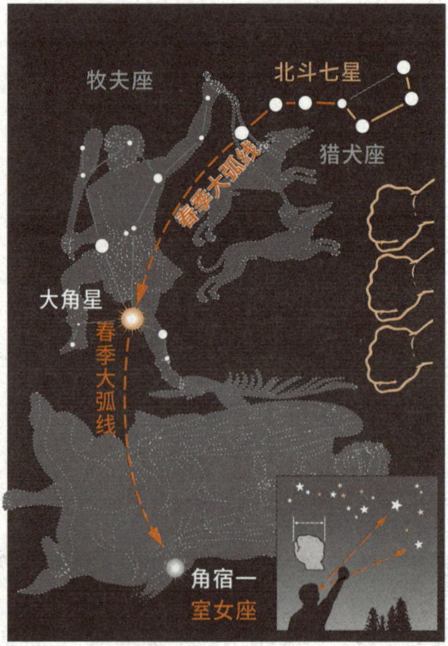

牧夫座
北斗七星
猎犬座
春季大弧线
大角星
春季大弧线
角宿一
室女座

春

春季大弧线

首先，你需要找到高悬在东北方天空中的北斗七星。将北斗七星的“勺柄”延长 3 拳的距离（手臂伸直时，一拳的距离相当于 10 度角），就能看到牧夫座的橙色 1 等星——大角星。将这条弧线继续延长，还能看到室女座的白色 1 等星——角宿一。

供图 / 藤井旭

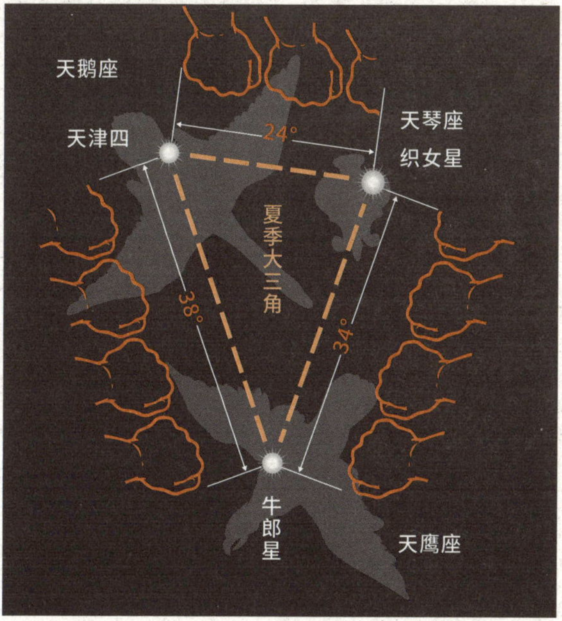
天鹅座
天津四
24°
天琴座
织女星
夏季大三角
38°
34°
牛郎星
天鹰座

夏

夏季大三角

天琴座的织女星、天鹰座的牛郎星、天鹅座的天津四——这 3 颗明亮的 1 等星组成了夏季大三角。你依然可以用刚才的“拳头量角法”去测量 3 颗星之间的距离。它们可以连成一个锐角三角形。

秋

秋季夜空

秋季的夜空里只能看到一颗 1 等星，那就是南鱼座的北落师门。如果想要找到它，你可以先找高悬在头顶的飞马座大四边形。接着，按右图所示，顺着四边形延长一段距离，就能找到北落师门（白色的 1 等星）和蒭藁增二了。

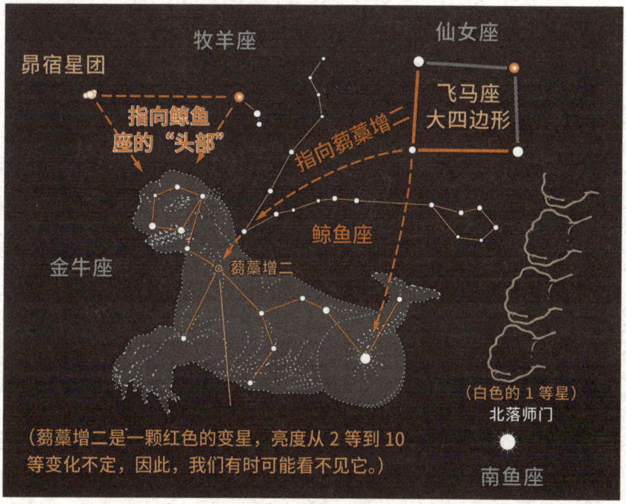
牧羊座
仙女座
昴宿星团
指向鲸鱼座的“头部”
飞马座大四边形
指向蒭藁增二
鲸鱼座
金牛座
蒭藁增二
（白色的 1 等星）
北落师门
（蒭藁增二是一颗红色的变星，亮度从 2 等到 10 等变化不定，因此，我们有时可能看不见它。）
南鱼座

谜题的答案就在后面的故事里！

这是……
结核。
地层里面有时会藏着这种硬硬的圆石头。
把它敲碎之后……
咣
啪
是化石！
好像是菊石？

太好了！里面有东西！！
我听说，这里在河水的冲刷下露出了一亿年前的地层，所以才来的……
中生代的地层里会有菊石，看到菊石，我们也能反推出地层的年代。
生物死后，如果环境满足一定条件，它们的残骸就会变成矿物比如方解石、霰石等。
化石的形成
被细菌分解
被埋进土里
变成矿物
结核其实就是碳酸钙的结晶。
结核
嗯……嗯……
知道啦！可是转学是什么情况？！
所以我想把这个石头分开……
这块是妮可的，
这块是托马的，

这样，它们就变成世界上独一无二的宝物了！
它们从一亿年前就在一起了，所以就算是分开，也一定很快就能再见面的！
风子……
擦眼泪……
我要搬到奥地利去了……
奥地利？！
……
不要！
妮可，你这样说也没用啊！
我不让你走！
又不是风子想搬家！

呃……唔……
你别跟爸爸、妈妈走！
那怎么可能啊！她只是一个小学生，
怎么自己在日本生活？
啊！
我想到了一个好方法！
打扰了！
咚
喵
怎么了？有什么事？

博士，您尽管出题！
要是我们答对了，
您就得让风子留在这儿！
这
啊
啊
不知所措
风子？
我们坚决反对不问风子的意见就让她转学！
这里离学校这么近，上学多方便！
转学？
好不容易才适应新环境……
那只好这样了……
新家两个月后才能布置好。
啊哈……
嘿嘿……
好，我知道了，不就是出题吗！
第一题：
请画出花生和腰果的果实位置。
花生
腰果
大家也来想一想！
啊？！

太简单了！
画
画
花生
土壤中
腰果
腰果果梨
腰果
啊？！
果实怎么会这样长！
答对了！
第二题：
香蕉的种子在什么地方？
啊！
黑色的小点点就是香蕉退化了的种子。
*野生香蕉是有种子的。
哦？那香蕉怎么繁殖？
通过分株，
克隆
也就是说，香蕉大多是克隆出来的，它们的基因都一样，所以如果一株香蕉染病了，其他的香蕉就都会染病。

一株香蕉的染色体由于突变增加到了3条，
这样一来，
它就无法结出种子了。
XX
突变
XXX
三倍体
人们正好需要这样的香蕉。
第三题：
为什么枫叶会变红？
天气变冷后，枫叶中的叶绿体会被破坏，
叶片中的糖分会合成一种红色的色素。
喂……
难道这是在……
小声
是啊！
全都是生物题……
博士在故意让风子答对！
第八题：
为什么风子不想转校？
！

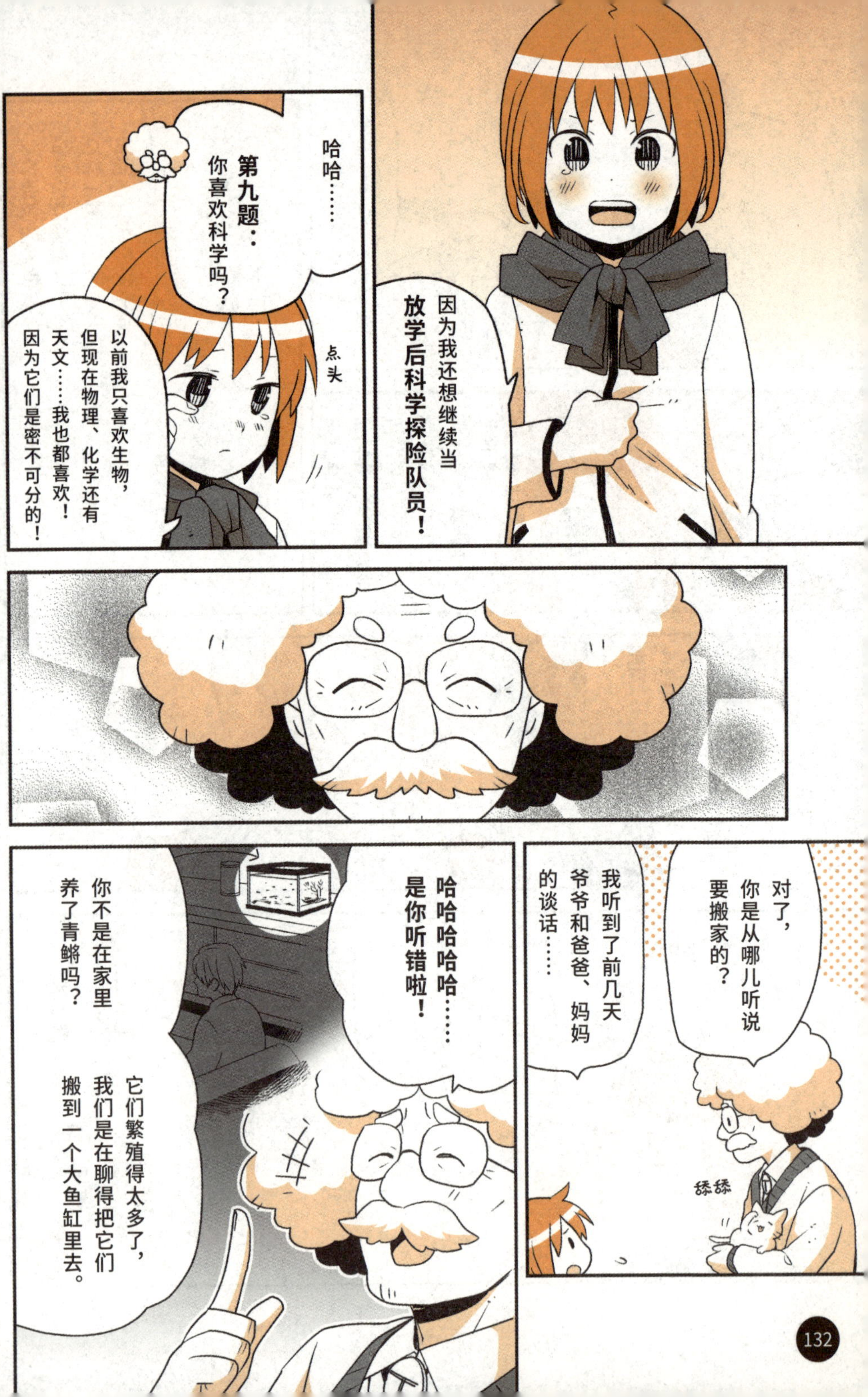
因为我还想继续当
放学后科学探险队员！
哈哈……
第九题：
你喜欢科学吗？
点头
以前我只喜欢生物，
但现在物理、化学还有
天文……我也都喜欢！
因为它们是密不可分的！
对了，
你是从哪儿听说
要搬家的？
我听到了前几天
爷爷和爸爸、妈妈
的谈话……
舔舔
哈哈哈哈哈……
是你听错啦！
你不是在家里
养了青鳉吗？
它们繁殖得太多了，
我们是在聊得把它们
搬到一个大鱼缸里去。

啊
噔噔噔噔噔噔噔噔
当
哇！风子！
风子！
*衣橱里面
对……对不起！我听错了！
这不是很好吗！
你不用转学了！
对不起！我很奇怪对不对？你们会笑话我吧？
不会的！

你是真心的啊！我们不会笑话你的！
谢谢你送我们化石，我们很开心！
咔擦……
妮可！
托马！
以后也一直在理科准备室见面吧！
嘿嘿嘿
风子，是不是该履行承诺了？
啊？

你不是要和我一起住吗？
来当我的实验助手吧！另外两位小朋友也……
大家快逃！
拽
拽
为什么？
这是好事啊！
别说了！你们根本不知道！
嘿嘿嘿
爷爷真正做实验的时候……
超级……超级可怕！
砰!!
嘿嘿嘿嘿嘿……
步步紧追
啊啊啊啊啊！
快跑！
从那之后，三个好朋友一直都在一起！

了解地层和化石

合作：土屋健（地质办公室）

学习课题『大地结构的变化』

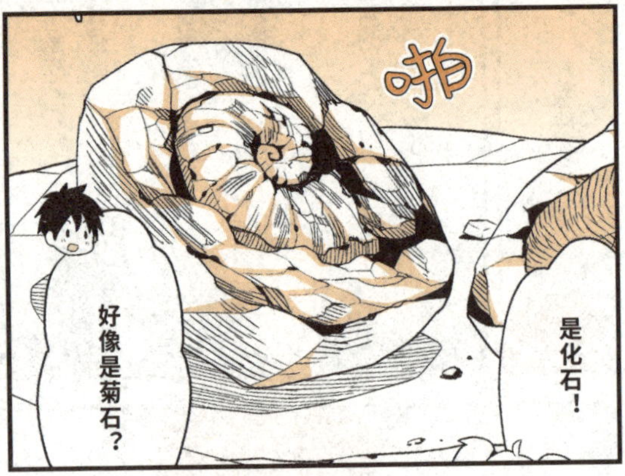

我们很幸运，
在石头里发现了化石。
如果想要寻找化石，
了解地层的构造是很重要的。

在我们生活的大地之下，有由泥沙、石头、火山灰等物质长年累积形成的地层。

经过风雨的侵蚀，地表的形态会一点点地发生改变。泥沙会被水和风带到江河湖海，形成第 137 页左上角图中的层状结构，我们称之为沉积层。

此外，火山喷出的火山灰和浮石也会形成沉积层。

1

风雨的侵蚀使地形发生改变，泥沙被水流冲走。

2

被带到海里的泥沙沉积在海底，形成层状结构。多年之后，沉积层可能会在地壳的板块挤压之下重新露出地表。

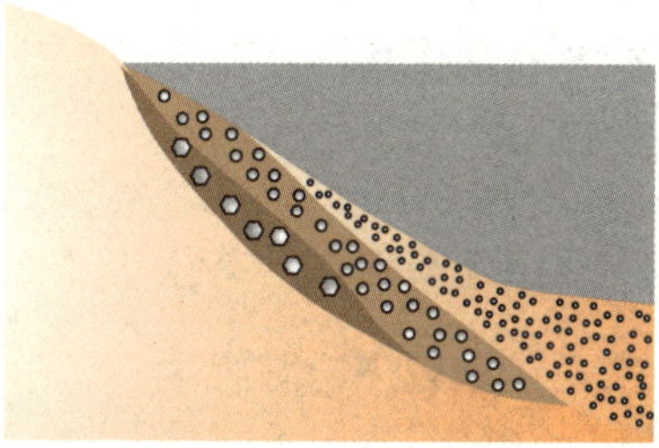

化石的成因有很多。生物的残骸被包裹在沉积层里，经过漫长的岁月，就有可能形成化石。

但这并不是说，沉积层里一定能找到化石。很多古生物早已灭绝，它们的化石只会出现在特定年代的地层里。比如，菊石和恐龙化石出现在中生代（约 2 亿 5200 万年前—约 6600 万年前）的地层里。研究者们寻找化石时会用到地层图，地层图包含了地层的位置、年代等基本情况。

化石的成因

我们都知道，古生物的残骸会形成化石。但其实，古生物的粪便和足迹形成的遗迹化石，也是人们研究古生物的重要材料。

现在，让我们以古生物的残骸为例，探讨一下化石的成因。

死去的生物不一定都能形成化石。大多数生物会在死后被分解掉，形成化石的概率是很低的。因此，只要发现一个化石，就意味着当时有很多同种生物存在于地球上。

除了这里介绍的情况，化石的成因还有很多。有些化石的成因至今还是个谜。总体来说，相较于内脏等柔软部位，骨头、外壳等坚硬部位更容易形成化石。此外，相较于陆生生物，水生生物更容易形成化石。这是因为地层大多是在水中形成的。

菊石的化石有很多，这是因为菊石曾经大量存在于远古海洋里，而且有着坚固的外壳。化石就像时间胶囊，可以为我们讲述已经逝去的生物的故事。

1

细菌会把生物残骸的柔软部位分解掉。这时，皮肤、肌肉和内脏都被分解了，所以不会形成化石（极少数情况下，在没有细菌等分解者的地方，柔软部位才会被保存下来）。

2

泥沙堆积在剩余的残骸上，把它们埋进了地层里。这时，残骸中的成分与周围地层中的成分发生置换，变成了坚硬的化石。

3

经过漫长的岁月，地层可能会通过地壳运动露出地表。

4

露出地表的地层，会受到风雨的第二次侵蚀。受水流影响，河流附近的地层会被冲刷得更快，所以我们更容易在这里找到化石。

地质年代与化石

如右图所示，不同年代的地层里有着不同的化石。越靠下的地层越古老，其中最古老的生物来自古生代的寒武纪（约 5 亿 4100 万年前）。

三叶虫的化石只能在古生代的地层中找到。我们把这种可以用来区分地层年代的化石称为标准化石。如果在两地发现了同种标准化石，就算两地相隔很远，我们也可以确定这两地的地层属于同一时代。

（* 注：菊石最早出现在泥盆纪初期，三叠纪开始繁盛。）

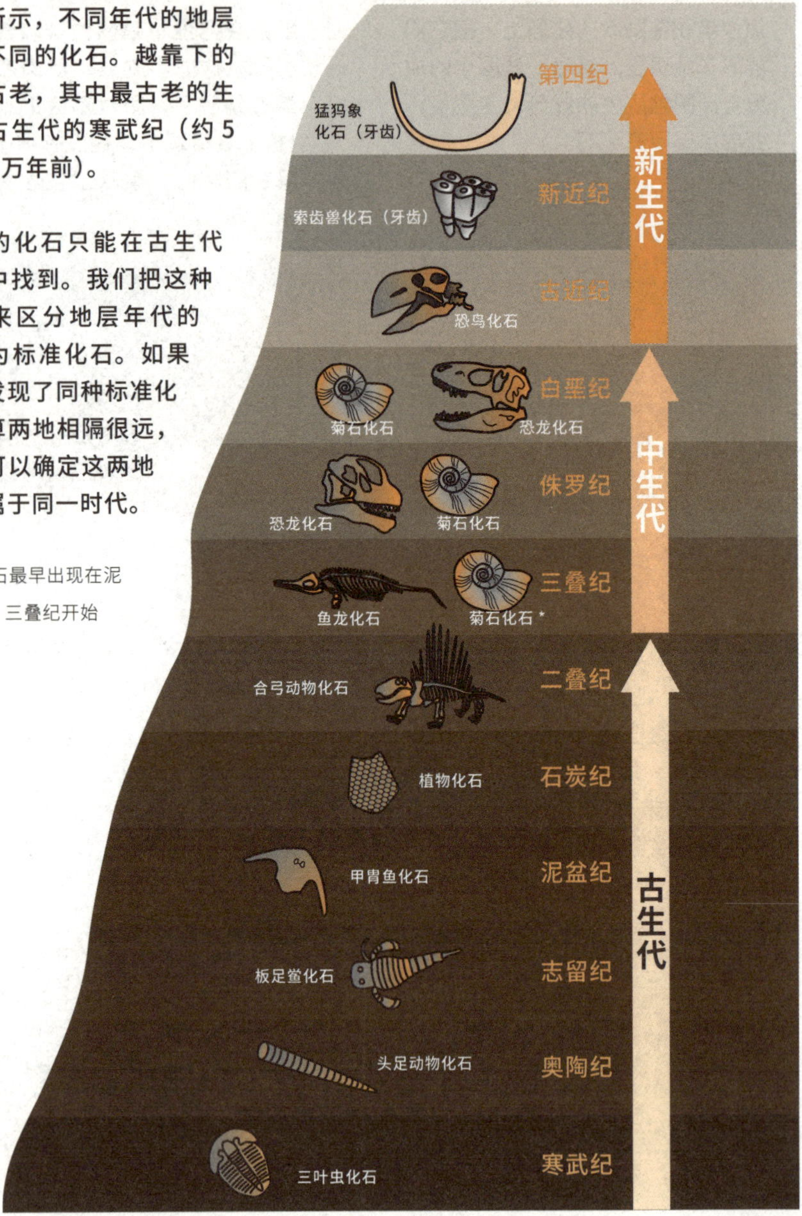

第四纪
猛犸象化石（牙齿）
新近纪
索齿兽化石（牙齿）
古近纪
恐鸟化石
新生代
白垩纪
菊石化石
恐龙化石
侏罗纪
恐龙化石
菊石化石
三叠纪
鱼龙化石
菊石化石 *
中生代
二叠纪
合弓动物化石
石炭纪
植物化石
泥盆纪
甲胄鱼化石
志留纪
板足鲎化石
奥陶纪
头足动物化石
寒武纪
三叶虫化石
古生代

做一做 ⑦

一起采集化石

需要准备的物品

- 劳保手套
- 锤子
- 护目镜
- 头盔
- 背包（能让你腾出双手的那种）
- 报纸、塑料袋（用来包裹采集到的样本）
- 文具、速写本（用来临摹地层和化石）
- 长袖外套、长裤

让我们趁着暑假，一起去采集化石吧！在那之前，你需要去找到正规的活动信息（博物馆或者科普机构组织的青少年夏令营活动等），去了解目的地的采集化石的要求，千万不能擅自闯入勘探地点采集化石！如果你身边有了解这方面知识的朋友，那就更好啦。

注意

- 寻找化石时不要靠近悬崖，小心落石。如果需要进入危险地带，必须向专业人士确认安全后再进入。
- 如果当地不允许采集化石，那么你就不能把化石带回家。
- 必须在大人的陪同下前往。

风……
风子的『森物教四』……
（口齿不清）
咬舌头了！
番外篇
风子的生物教室
加油！
加油！
风子的生物教室！
再次尝试
好棒！
呱叽呱叽呱叽
我想问一问妮可和托马，你们喜欢生物吗？
啊！
突然被问
唔——虽然不讨厌，但是好像有很多知识要背……

归根结底，『生物』到底是什么呢？
这还用问吗？『生物』就是活着的东西啊！
从生物学的角度来说，『生物』的定义是这样的！
那活着又是什么呢？
怎么突然哲学起来了……
头晕
头晕
❶能繁殖。
❷能从物质中获取能量并用这些能量合成新的物质。
❸能与外界环境相分隔。
❹自身内部保持相对稳定的状态。
稳定
嚼嚼嚼
原来如此！小丸子不能合成物质，也不能繁殖，所以不算生物喽！
地球上的生物都是由很多叫作细胞的『小房间』组成的！
显微镜
咚！

一个人的体内大约有37兆个细胞。
兆！
刮刮
每个细胞都有一个『核』，里面装着DNA。DNA是人体的『设计图』。
用勺子刮下一些口腔内侧的细胞，加入醋酸洋红，细胞核就会染色。
人体组织就是根据这张『设计图』被制造出来的。
一个受精卵不断分裂……
既然来到了这里，那我就变成骨头吧。
我来变成神经细胞。
然后开始分化。
我觉得生物的乐趣就在于思考生命是如何存活下来的，还有做有趣的观察。
放眼望去，有趣的生物比比皆是！
越说越来劲儿了呢。
比如这个！

这是什么！是生物吗？
是的！这是一种生活在在深海里的动物。
竖琴海绵
它们的触手末端有倒刺，可以用来捕食猎物。
很可爱吧！
呃……嗯？
可爱……？
哦对！它们生活在3000米深的海洋里，所以我们很难观察到。
鼓捣
鼓捣
我们再来看一个近在身边的生物。
啊！这个我见过，是捕蝇草！奶奶家里就有一盆！
没错！要是苍蝇之类的飞虫碰到它的刺毛，
这是一片『芝士』
嘿
只要大约0.5秒……
啪叽
吃掉了！

被捕食的猎物会被消化液分解，转化为营养成分。
好吃
真香
我好累……
营养
但是捕食过程会消耗它很多能量，所以最好还是不要总碰它玩。
1片叶子开合3次之后就会枯萎。
才3次？！
是啊……很可爱吧……
风子觉得可爱的东西怎么都怪怪的……
好可爱
好可爱
到底是博士的孙女啊！
这个也好可爱！
*行走的样子真的像熊一样，非常可爱！
『世界最强生物——水熊！』
在苔藓里很容易发现它！
可爱？
这种生物能脱水休眠，
休眠时水分仅占体重的3%。
除此之外，它还能在从-273°C到150°C的环境中生存，能承受从真空到6000个大气压的压力，抵御人类不能承受的射线！
烈日
炎炎
zzzzz…

曾经还有这样的新闻：一只被冰冻30年的水熊成功复活了，而且还产下了卵。
好厉害！
早—
啊……
哈……
可爱的生物还有很多呢！
蜜罐蚁
散疣短头蛙
咦……长得好奇怪！
只要用心观察身边的生物，就一定能发现有趣的地方，
也一定会发现它们的可爱之处！
啊……我明白了，风子说的『可爱』其实指的是生存方式很奇特！
好……好有道理！
生物是很可爱的！
大家也一定要好好看看身边的生物，观察一下它们的生存方式！
啊……
紧张死了
辛苦啦！

番外篇 小丸子的秘密

咯噔咯噔
托马！
小丸子这是怎么了？
咯噔 咯噔
出故障了？
别担心！是履带上的胶皮有点儿磨损，所以它走路不太自然。
换一块胶皮就好了！
看！现在就好了！
哇～
嗖嗖
说起来，小丸子的『脚』跟挖掘机的很像，
改成轮胎的话，是不是能跑得更快？
你说得对！改成四轮式确实能跑得更快，
但还是履带式更稳定！
四轮式
移动速度可以很快，
但与地面的接触面积小，
机器容易失去平衡。
履带式
移动速度不是很快，
但与地面的接触面积大，
机器能很好地保持平衡。
我想给小丸子添加各种各样的功能，所以选择了更稳妥的履带式！

原来背后是有原因的！
那当然！
小丸子为什么会动呀？
因为我在用遥控器控制它的两个电动机！
小丸子的底部
电动机
履带
齿轮
像遥控玩具车一样！
通过控制左右两个电动机的转和停，
我可以让小丸子左右转弯，甚至是原地旋转。
右转时，右边的电动机停止转动。
左转时，左边的电动机停止转动。
不过，这只是小丸子的一小部分功能。
如果只有电动机，小丸子也不可能像现在这样厉害。
挥手—
那那那……小丸子还有什么秘密？！
它里面是什么样子的？！
这个嘛……
想知道吗？
想！

程序（大脑）

小丸子的思维
是托马在电脑上用代码
写出来的！

传感器（知觉）

小丸子的耳朵里
装着声音传感器，
这让它能对人的声音做
出反应。

小丸子的胸前
装着超声波测距传感器，
这让它能避开障碍物。

手臂的关节

小丸子的手臂就像机器蛇，
里面有很多关节，
可以活动自如。

钻头

小丸子的手臂末端是可拆卸的，主人可以根据用途更换道具，比如可以装上钻头。

红外线摄像机

小丸子可以通过运动传感器追踪移动的物体，并能将它拍摄下来。

食物加热机

小丸子还配备了可拆卸的食物加热机，是户外活动的最佳伴侣！

小丸子的弱点

小丸子的结构非常精密！
虽然很结实，
但万一掉进水里就会“一命呜呼”，
所以千万要小心！

有这么多功能啊……
小丸子真是太厉害了！
你们才发现啊！
卡嚓 卡嚓
如果它能用两条腿走路，就和人类没什么区别了！
唔……其实，让机器人像人类一样用两条腿走路是非常困难的！
「走路」这个动作分为「动步行」和「静步行」两种模式。
我们人类就是「动步行」。
动步行
静步行
重心
重心的移动
「静步行」时，身体的重心全都落在着地的一只脚上。
这样便于保持平衡，但机器人这样走会显得很笨重。
静步行
与之相比，「动步行」时，身体的重心更好控制，机器人走起路来更加轻快。
原来我们平时习以为常的动作，也需要保持微妙的平衡才能做到！
所以，像ASIMO*那样能行走自如的机器人，制作起来是相当困难的！
* 译者注：ASIMO 是日本本田技研工业有限公司研制的仿人机器人，可以精准模仿人类的动作。
ASIMO
因为我们有强大的大脑、关节和肌肉。

话虽如此，机器人还是能做很多人类做不到的事情，
比如翱翔天际！
无人机
无人机其实就是会飞的机器人！
我最近经常听说无人机，
它和遥控飞机有什么区别？
【小知识】
无人机的英文drone，其实是“雄蜂”的意思。因为它在飞行时发出的“嗡嗡”声很像蜜蜂振翅的声音。
总体来说，就是无人机的自主性更高。
与遥控飞机相比，无人机更智能，
可以借助传感器自主判断所处的状态。
螺旋桨
嗖
就算是被大风吹歪，它也可以自己调整姿势，保持平衡。
它还可以借助GPS自己飞到指定的地点。
自动驾驶仪
飞行控制与管理设备
· GPS
· 传感器
· 发动机
摄像头
我最近正想给小丸子增加自动飞行功能呢！
哇
太好了！小丸子，你马上就能飞啦！
不过，我最大的梦想是……

闪亮登场
发明出可以穿在身上的炫酷机甲！
那不是超级英雄动漫里的东西吗？真的能做出来？
谁说不能呢……
这种机甲已经被应用在医疗和护理中了！
原来……『穿』机械的时代已经到来了！
怎么样？是不是更觉得机械很厉害了？
在我们看不见的地方，科技每天都在前进！

吧
冷落——
吧啦吧啦吧啦吧啦吧啦
比托马强多了!!
妮可,风子你们好!
好酷!
哇!
很快,我们就能和小丸子一起聊天玩耍了!
!
抱走
啊!
等等,你要去哪儿呀?
小丸子还是现在这样比较好啦!
据说 2045 年
人工智能将会战胜人脑

《孩子们的科学》

创刊近 100 年，是面向的小学生的综合性科学杂志。内容涉及科学新闻、趣味实验、趣味手工、宇宙、生物、机器人等。每月都在用充实的内容，激发着孩子们对科学的兴趣。

原书创作团队

主　　编　泷川洋二　原口留美（伽利略工作室）

伽利略工作室是致力于为大众科普科学知识、研发科学互动活动的 NPO 团队。为了让更多人体会到科学的乐趣，团队精心策划了很多有趣的科学活动、简单的科学实验，并通过报刊、书籍和视频节目向人们介绍。本团队还在日本各地开办实验教室、科学展示等活动。

合　　作　安藤“ANG”诚起（第 52 ～ 55 页）
神村学（农业生物资源研究所）（第 56 ～ 57 页）
土屋健（地质办公室）（第 136 ～ 141 页）

封面设计　二寻鸠彦

装帧设计　岛田龙生

合作编辑　赛德牧场

排　　版　和泉奈津子